Higashikawa Style
東川スタイル

MASATOSHI TAMAMURA
TOSHIAKI KOJIMA

SANGAKUSHA

Higashikawa Scape

--
東川の暮らしをつくる
風景たち

Higashikawa
Scape
01

大自然とともにあるまち

標高2291m、北海道の最高峰・旭岳の麓に、東川町はある。
壮大な自然に抱かれて暮らす、8000人の町民。
彼らの営みは、豊かな生態系のように生かし合い、進化し続けている。

Higashikawa
Scape
02

全住民が地下水で暮らすまち

東川には、上水道がない。蛇口をひねると出てくるのは、大地が長い歳月で育んだ
天然のミネラルウォーター。その水を毎日飲み、
あらゆる生活水に惜しみなく使う。その贅沢が、ここでは当たり前のこと。

Higashikawa
Scape
03

水田がどこまでも広がるまち

東川の人びとは、田園風景の移り変わりから季節を読む。
初夏は水をはったばかりの田んぼが鏡のように夕日を映し、秋には頭を垂れる稲穂が
一面を黄金色に染める。美しい景色が日常とともにある。

Higashikawa
Scape
04

良質なカフェやショップが自生するまち

まちのそここにある居心地のよい空間は、
利益や効率を重視した経済活動よりも、
自分らしい表現を追求したライフスタイルの延長線上にある。

Higashikawa
Scape
05

脱公務員発想、協働のまち

まちの行政は経営感覚に優れ、ユニークな事業や政策を多数展開する。
多様な主体との協働により、新しいまちの姿を模索している。
そこに、これからの社会の萌芽がある。

はじめに

　この本は、未来のまちや社会に想いを馳せる「まちづくりトラベルガイド」である。未来はすでにどこかの地で萌芽している。それは、人びとが影響し合い、共創し合いながら、育ってきたもの。この本は、人びとが織りなしていく、未来のまちや社会を考えるためのガイドブックである。

　今回は北海道の真ん中にある人口8000人のまち東川町を取り上げる。
　東川町は、隣接する旭川市の市街地から車で約25分（15km）、旭川空港から約10分（5km）の距離にあり、大雪山国立公園の麓に広がる豊かな自然と田園的景観に恵まれたまちだ。上川盆地に位置し、気候は寒暖の差が大きい。夏は暑く、長い冬は氷点下20度以下になることもある。
　北海道内では、このようなまちは珍しくないかもしれない。だが、"どこにでもありそうな"東川町には、さまざまな気になることがある。

東川町は今、北海道内のみならず、国内外からの定住者が増え、約20年で人口が約14%増加している。このまちで暮らす方々には、「Life（くらし）」のなかに「Work（しごと）」を持つという自然なライフスタイルを大切にしている方も多い。また、人口8000人のまちに、60以上の個性的なカフェ、飲食店、ベーカリー、ショップ、工房などがあり、それぞれの"小さな経済"が成り立っている。人びとのライフスタイルと小さな経済が連鎖し、まちを活性させる豊かな生態系が形成されている。

　東川には、ふつうの「公務員らしさ」ではない、町役場の職員の「スタイル」があり、自然に暮らす、住民の「スタイル」がある。また、住民、企業、NPO、商工会、JAなどさまざまな主体が、それぞれの「らしさ」を追求し、当たり前のように影響し合っている「スタイル」もある。

本書では、東川のまちや社会から感じることができる"ふつう"、つまり東川では当たり前のこととなっている「スタイル」をヒントに、未来社会の価値基準（スタンダード）となり得る要素を40個抽出し、解説をする。

　本書は「Life＆Work "小さな経済"の生態系―自然なスタイルで暮らしと地域をつくる」と「Public＆Commons 共感と共創が育てる"らしさ"―自分ごと・みんなごと・世の中ごとの好循環」の2部構成となっている。
　東川で培われてきた、こだわりを持ちながらも、無理のない、自然な生き方（Life）と働き方（Work）には、これからの時代のヒントがある。前半の「Life＆Work」では、自然なスタイルで暮らしと地域をつくってきた人びとの営みや"小さな経済"の生態系からの示唆を解説する。
　東川では、個人や団体が「自分ごと」として自発的に活動するのみならず、自分ごと・みんなごと・世の中ごとの好循環が生まれ、地域全体でのPublicとCommonsが共創され続けている。後半の「Public＆

Commons」では、「東川らしさ」を形成してきた、まちづくりの実践からの示唆を解説する。

　この本を手にとる読者にとって、東川という地域や、そこで暮らす人たち、そのスタイルなどを知るきっかけとなるだけでなく、自分たちの暮らしや仕事の未来を考えるヒントになるかもしれない。
　また、東川町で実践されてきた施策や事業、まちづくりの取り組みは、自分たちのまちの未来を探るヒントにもなるかもしれない。
　現在進行形のまちや社会の営みと、現在へとつながる、過去の営みの蓄積から、未来のまちや社会に思いを馳せる。そんな思考の旅を、この本を手に始めてみてほしい。
　では、さっそく「東川スタイル」を巡る旅に出てみよう。

2016年3月　玉村雅敏

DISTANCE: Scale 1

from Asahikawa Airport

アジア、日本の主要都市へ、
世界と距離が近いまち。

Higashikawa
10min

AKJ
Asahikawa Airport

235-300min
CES/JAL

PEK
Beijing Capital International Airport
(Beijing, China)

190min
AAR

ICN
Incheon International Airport
(Seoul, South Korea)

220-230min
CES/CQH/JAL

105-110min
ANA/JAL/ADO

120-135min
ANA/JAL

125min
ANA/JAL

PVG
Shanghai Pudong International Airport
(Shanghai, China)

ITM/KIX
Osaka/Kansai International Airport

NGO
Chubu Centrair International Airport

HND
Tokyo International Airport

290min
EVA/TNA/ANA

TPE
Taiwan Taoyuan International Airport
(Taipei, Taiwan)

東川は大自然に恵まれた環境にありながら、国内外の主要都市への時間距離が実は近い。町の中心部から最寄りの旭川空港は車で約10分。東京は片道約2時間で日帰りできる。北京、仁川などアジアの主要都市にも定期便が就航しており、小さなまちは世界とつながる。積雪対策も整っており、冬の欠航率が道内一低い。

※フライト時間は目安。関西・伊丹空港は、夏季のみ運行

DISTANCE: Scale 2

from the Center of Higashikawa

都会も大自然もすぐそば。
いいとこ取りのまち。

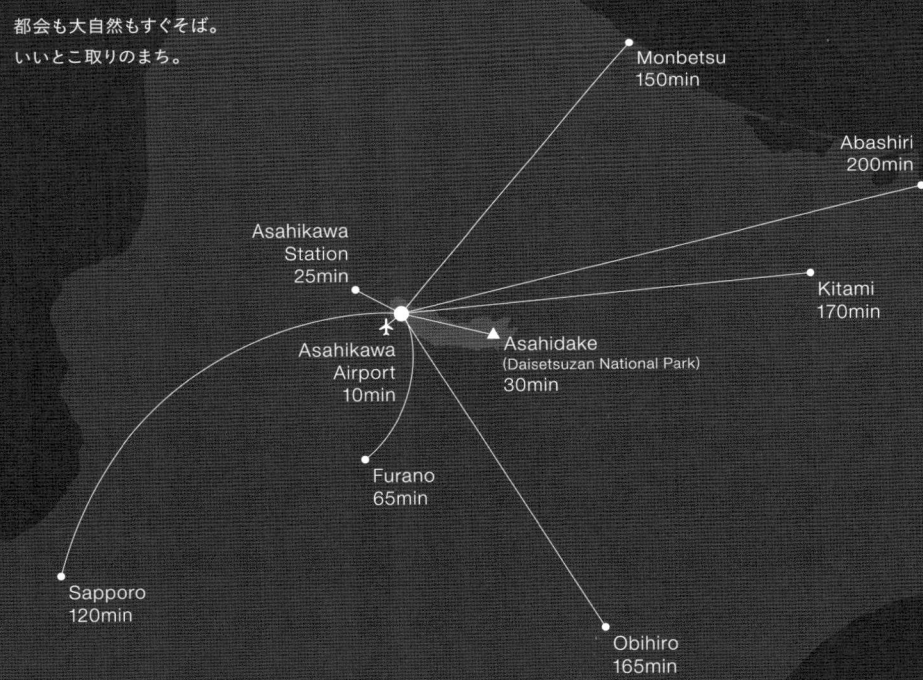

東川町は北海道のほぼ中央に位置し、道内各地へアクセスしやすい立地にある。都市と自然とのほどよい距離感も特徴だ。道内2位、関東以北4位の人口約35万人を擁する中核都市、旭川（駅前）へ車で約25分。一方、町内にあり、道内屈指の自然環境を誇る旭岳（大雪山国立公園）も同約30分の距離にある。

NUMBERS of Higashikawa

東川にまつわる数字、あれこれ。

(A) **0**
上水道普及率0% / 国道0 / 鉄道0

(B) **-29.3°**
観測史上日最低気温（1978.2.17）

(C) **2.3m**
冬期間の降雪量

(D) **226,763ha**
大雪山国立公園の面積

(E) **6,600t**
大雪旭岳源水の1日の湧水量

(F) **6,973 → 8,105**
人口増加都市　6,973人（1994.3）→ 8,105人（2015.12）

(G)
30%
東川町で生産される旭川家具の割合

(H)
1,000,000
年間の観光客数

(I)
5,929
町の"株主"総数 (2015.12現在)

(J)
1,819
「写真甲子園」参加高校総数

(K)
1
日本唯一の公立日本語学校

(L)
38,000
東川町国際写真フェスティバルの来場者数

(A) 豊かな水資源に恵まれ、北海道内で唯一、全国でも数少ない上水道がないまち。全町民が大雪山の伏流水（地下水）で生活する ／ (B) 上川盆地に位置し寒暖の差が激しいが、風は穏やかで空気はカラッとしている ／ (C) 全道的にも降雪量が多いエリア ／ (D) 大雪山国立公園は日本最大の国立公園。東京都より面積が広い ／ (E) 環境省選定「平成の名水百選」。ミネラル豊富で、コーヒーによく合うと評判。遠方から水を汲みに来る人も ／ (F) 1950年の人口1万754人をピークに減少が続いたが、近年は増加傾向に ／ (G) クラフト職人が多く住み、クラフト街道もある ／ (H) 大自然に触れるため、あるいは旭川からランチに来るひとたちも ／ (I) 町外のサポーターがまちの事業に投資できる"株主制度"がある。ふるさと納税の仕組みを応用 ／ (J) 全国の高校生たちがカメラを手に毎年熱戦を繰り広げる。1994年にスタート ／ (K) 外国人をよく見かけるのも東川らしさ ／ (L) 1985年から毎年開催。"東川フォトフェスタ"の愛称で親しまれている

CONTENTS

- 002　Higashikawa Scape　/　012　Distance　/　014　Numbers of Higashikawa
- 008　はじめに

Life & Work　"小さな経済"の生態系—自然なスタイルで暮らしと地域をつくる—

022		Introduction
026	Standard 01	ホンモノの環境が、ホンモノを求める
030	Standard 02	スモールビジネスの多様性が地域を強くする
034	Standard 03	「田んぼの真ん中の創業」はトップクオリティを育てる
038	Standard 04	自然は「自然に暮らす」ことを促す
040	Standard 05	「自然の一部として生きる」から自分らしいナリワイをつくれる
042	Standard 06	「境界の創業」が地域の共創を生む
044	Standard 07	「みんなでDIY」で地域のサードプレイスを育てる
046	Standard 08	効率よりも、自分らしく手間ひまをかける
048	Standard 09	自分のためを追求すると、みんなのためになる
050	Standard 10	企業が「まちのスタイル」を独自発信しブランドを育てる
052	Standard 11	移住者たちのアキナイが「まちの文化」を多様化する
054	Standard 12	何歳になっても役割がある地域は豊かさを育む
056	Standard 13	誇りになる場が人を集め、まちの基準を育てる
058	Standard 14	豊かな自然環境が創造力を高める
060	Standard 15	Less is more. —より少ないことはより豊か
061	Standard 16	生活者に徹底して寄り添うことで地域商店の業態が変わる
062	Standard 17	突き抜けた本気の趣味・念願の夢がプロの仕事になる
063	Standard 18	「しないこと」の線をひくことでより豊かになる
064	Standard 19	パートナーシップで自分らしい仕事をつくる
065	Standard 20	「Life（くらし）」のなかの「Work（しごと）」が自然な幸せをつくる

Public & Commons　共感と共創が育てる"らしさ"—自分ごと・みんなごと・世の中ごとの好循環—

070		Introduction
078	Standard 21	「営業する公務員」が本気の役場を育てる
082	Standard 22	時間軸の長い「文化のまちづくり」は住民の"みんなごと"を育てる
085	Column	写真甲子園が生み出すつながりの物語
086	Interview	「文化で町おこしをするなら、住民から20年の担保をとるべき」 ：山森敏晴氏（東川振興公社取締役顧問）

088	Standard 23	脱公務員発想「3つの"ない"はない」がチャレンジを当たり前にする
090	Standard 24	組織・職員の変化でユニークな施策や事業を連発する
092	Standard 25	豊かな暮らし方をデザインするための条例・制度をつくる
094	Standard 26	「役場の風土改革」が徹底的に考え・動く職員を支える
096	Standard 27	住民みんなで住む家を風景にする
098	Standard 28	まちの仕組みで子育て・子育ちの安心を追求する
102	Standard 29	本気の国際化戦略で交流を増やし定住を支える
106	Interview	「地方行政は大変だと言うけど、マイナスをプラスに変える発言をした方が元気になれる」 ：松岡市郎氏（東川町長）
108	Standard 30	住居を構えてなくとも「まちの一員」に
110	Standard 31	「投資の回収から考える政策」で新機軸を創り出す
112	Standard 32	「まちづくりから考える商業」が地域の活力を生み出す
115	Column	東川でしか経験できない味覚を創出
116	Interview	「地域が生き残っていくためには、"その土地らしさ"をどう生かすか発想転換が必要です」 ：浜辺啓氏（東川町商工会会長）
118	Standard 33	まちの真ん中に「地域商店の共有地」をつくる
121	Column	地域資源を発掘する、まちのマップづくり
122	Standard 34	共有価値づくりで企業を誘致する
124	Standard 35	農芸家のこだわりが豊かな食と文化を生む
128	Interview	「1年1作。そこには、お金にかえられないやりがいがあります」 ：樽井功氏（東川町農業協同組合代表理事組合長）
130	Standard 36	クラフトの「プロの感性」がホンモノを追究する風土を育てる
132	Standard 37	地域の経済循環と誇りを高める工夫を加える
133	Column	生まれてきた子どもと時を過ごす「君の椅子」
134	Standard 38	自然を愛する人の活動がコミュニティと地域を豊かにする
138	Interview	「私たちのなかに「東川人」みたいな意識があって、外から来る人たちをおもてなしするんです」 ：青木倫子氏（山岳ガイド）
140	Standard 39	学校での協働が豊かな社会を育む
142	Interview	「全校生徒11名。ギリギリの状態で、『学校を守らなければ』という気持ちが芽生えました」 ：矢澤睦氏（第三小学校PTA会長、丸巳代表取締役社長）
144	Standard 40	地域で影響し合って「自分たちのスタイル」が生まれ続ける
146	Interview	「自分たちのスタイルをつくり、いいと思うものや暮らしを表現しています」 ：渡邊恭延氏（北の住まい設計社代表取締役）
148	東川という場所	
152	東川のふつう　/　162　Shop List　/　166　Map　/　168　Higashikawa History　/　172　参考文献・資料	

01

Life & Work

"小さな経済"の生態系
― 自然なスタイルで暮らしと地域をつくる ―

人口減少時代を迎え、少なくない地方自治体が
消滅の危機に瀕するなか、人口増加を続ける東川町。
多様な主体が相互に影響し合い、「東川らしさ」という
共通の価値が自生的に創出され続けることで生まれた
ライフスタイルが、引力として人を惹きつけている。
前半は、その"小さな経済"の生態系を紹介する。

Life & Work　"小さな経済"の生態系 － 自然なスタイルで暮らしと地域をつくる －

Standard 01　ホンモノの環境が、ホンモノを求める
Standard 02　スモールビジネスの多様性が地域を強くする
Standard 03　「田んぼの真ん中の創業」はトップクオリティを育てる
Standard 04　自然は「自然に暮らす」ことを促す
Standard 05　「自然の一部として生きる」から自分らしいナリワイをつくれる
Standard 06　「境界の創業」が地域の共創を生む
Standard 07　「みんなでDIY」で地域のサードプレイスを育てる
Standard 08　効率よりも、自分らしく手間ひまをかける
Standard 09　自分のためを追求すると、みんなのためになる
Standard 10　企業が「まちのスタイル」を独自発信しブランドを育てる
Standard 11　移住者たちのアキナイが「まちの文化」を多様化する
Standard 12　何歳になっても役割がある地域は豊かさを育む
Standard 13　誇りになる場が人を集め、まちの基準を育てる
Standard 14　豊かな自然環境が創造力を高める
Standard 15　Less is more. ―より少ないことはより豊か
Standard 16　生活者に徹底して寄り添うことで地域商店の業態が変わる
Standard 17　突き抜けた本気の趣味・念願の夢がプロの仕事になる
Standard 18　「しないこと」の線をひくことでより豊かになる
Standard 19　パートナーシップで自分らしい仕事をつくる
Standard 20　「Life（くらし）」のなかの「Work（しごと）」が自然な幸せをつくる

Life & Work / Introduction

「鉄道、国道、上水道の3つの道がない」と言われる東川町は、一見生活に適さず、何もない"ふつう"の田舎町という印象を受ける。しかし、まちを歩き、人と対話し、カフェでコーヒーを飲み、上質な品揃えのセレクトショップを覗くと、生活文化の質の高さに驚く。事実、東川町は今、北海道内のみならず、国内外からの移住者が増え、約20年で人口が1994年3月の6973人から2015年12月の8105人に約14％増加している。地方都市の多くが人口の減少、商店の衰退に苦しみ、地域経済が疲弊するなかで、着実に変化を続けている。

　この人口8000人のまちに60以上の個性的な小さな店があり、カフェ、飲食店、ベーカリー、ショップ、工房などが営まれる。店主たちとの対話から、経済価値だけを重視するのでなく、生活価値と経済価値のバランスを取りながら、「Life（くらし）」のなかに「Work（しごと）」を持つというライフスタイルを重視していることがわかる。それをここでは「Life & Work」と呼びたい。

　この自然なスタイルの「Life & Work」を価値基準としながら営まれる一人ひとりの"小さな経済"が連鎖し、まちを活性させる豊かな生態系が形成されている。このまちでは、これが"ふつう"なのである。

　東川町は、明治28年（1895年）、開拓の鍬がおろされ、水田農業を基幹産

業として「お米と工芸、観光の町」をキャッチフレーズに発展してきた。昭和60年（1985年）には、文化的なまちづくりを進めることを狙いに「写真の町」を宣言。以来、約30年の間に、「写真の町東川賞」「東川町国際写真フェスティバル」、全国高等学校写真選手権大会「写真甲子園」、「高校生国際交流写真フェスティバル」などを展開する。写真そのものに関する活動だけではなく、「写真の町」に関する条例では「写真映りのよい風景・生活づくりの奨励、推進」「写真を活用した地域づくりの推進」「国内及び国外の都市との交流推進」などを掲げ、多様な実践を繰り返してきた。「写真の町」を体現すべく、個々の住民や団体・組織、コミュニティが、自ら「町の風景」をつくってきた。

　約30年の間には、農業では、地域を挙げた「東川米」のブランド化や徹底した品質管理。工芸では、高度な技術とセンスを磨いてきたクラフト職人による、時代を先取りする家具や製品づくり。商業では、町の根幹をつくるまちづくりの実践や生活を豊かにする業態づくりなどが進んできた。

　東川町では、こうしたさまざまな領域での持続的な試行錯誤のプロセスを通じて、人びとの間に培ってきた豊かな地域資源や町の魅力が再認識されるとともに、さらなる魅力や価値の醸成が進んでいた。また、国内外から訪れる、一流の写真家や、写真甲子園に参加する高校生、さまざまな領域で最先端の挑戦をしている実務家や企業関係者、専門家などとの交流や協働を通じ

て、町民の感性やオープンな気質、品質を追求するセンスも培われてきた。

　こういったまちや町民とともに感性や気質、センスを育ててきた役場が中心となって、2000年代半ば以降、「新・婚姻届」「新・出生届」「ひがしかわ株主制度」「君の椅子」に代表される、多種多様なユニークな施策が展開され、積極的な定住人口促進策、起業を支援する制度も実施されていく。

　2012年4月、道の駅「道草館」の隣地に「モンベル大雪ひがしかわ店」がオープンした。この頃には、こだわりを持つカフェ、レストラン、ベーカリー、セレクトショップも相次いで開業する。雑木林のように、自然に、それぞれがしっかりと根を生やし、それぞれなりのこだわりを持って自生し、お互いに影響し合う、"小さな経済"の生態系が育っていく。人口増加のみならず、「東川らしさ」のある、さまざまな豊かな果実を創出するようになる。

　一方で、移住者はどのような生活価値を持っているのか。2015年、滋賀から移住してきた一家の自宅を訪問した。塀のない敷地と手入れの行き届いた庭、木材をふんだんに使用し薪ストーブで暖められた室内、不意の訪問にも自然に対応していただける寛容さ。壁には子どもたちが描いた絵が数多く飾られている。家族とともに豊かな時間を過ごしていることがうかがえる。これが、旭川市内の病院に務める30代の理学療法士家族の"ふつう"である。

　この家族の住宅は、東川町土地開発公社が分譲するグリーンヴィレッジに

ある。第3期分譲では、土地価格519万3000円(敷地面積148.37坪)、坪単価3万5000円。例えば、建屋を坪50万円、30坪で建築すると、2000万円前後でマイホームを購入できる。都心近郊の住宅地と比べて破格の値段だ。

この家族は移住する際に、まちを何度も訪問し移住を決断。東川町から車で30分程度にある旭川市の中心地で仕事を得て、賃貸住宅で住み始めたが、親の関係で一度は滋賀に戻った。だが、これからの人生を考え、改めて移住を決意したとのこと。東川では、まずは仕事や活動で通い始め、移住するというパターンも多く見られる。都会での生活経験を持ちつつ、「東川らしさ」の生活価値に触れることで、自分や家族の生活を見つめ直し、東川で暮らすことを真剣に考え、移り住むことを決断している。移住者たちも東川らしさの「Life & Work」を追求しているのだ。

住民や団体、企業、役場など、多様な主体による持続的なまちづくりの実践で、「東川らしさ」や「東川で暮らす」という共通の生活価値の連鎖・増幅を生みながら、多様な"小さな経済"の生態系も醸成・進化し続ける東川町。本書前半の第1部では、自然なスタイルで暮らしと地域をつくっている、「Life & Work」の実践者や生活者の生き方やビジネス、ものづくりなどの紹介を通じて、人口8000人のまちが共創してきたスタイルを概観し、未来社会の価値基準(スタンダード)を検討していく。

STANDARD 1
ホンモノの環境が、ホンモノを求める

CASE：東川のライフスタイルを体現するセレクトショップSALT

　市街地から少し離れたところに、スタイリッシュなデザインの建物が2軒連なってある。木々に囲まれ、木目の壁面がヒュッテ（山小屋）を彷彿させるそこは、セレクトショップ「SALT」と、オーナーの米山さん夫婦の自宅だ。
　米山勝範さんは生まれも育ちも東川。高校進学でまちを出て、札幌のアパレルショップに勤務した後、札幌で出会った知美さんと2008年にUターンした。移住当時のまちは米山さんが子どもの頃に比べて店も人も少なくなっていたが、むしろその方が好ましかったと米山さんは言う。

「ここに都会的なものがあっても惹かれません。大雪山の麓の豊かな自然が残る環境で、自分たちの暮らしを一からつくりあげたかった」

「環境と物がリンクしていると、
ダイレクトに魅力を伝えることができる」

　最初は市街地の物件を借りていたが、2013年に敷地内に小さな森がある今の場所へと移った。建物の設計は、東京にいるランドスケープデザイナーの知人が手がけた。住みながら自分たちでデッキを作り、

森にも徐々に手を入れている。知美さんは、家庭菜園も始めた。近くに、無農薬野菜を育てている農家があり、そこから野菜の苗を購入し育てている。

　朝起きると、すぐ目の前に美しい森の風景が広がる。部屋着のまま菜園の野菜をつんで、朝食でいただく。夜間に雪が降れば、朝一で山へ滑りにいく。

　そんな暮らしの延長に、「SALT」がある。店内に入ると、すっきりと無駄のない空間に、衣類、雑貨、アウトドア用品などが並ぶ。ひと周りすれば、どのアイテムもしっかり選び抜かれていることがわかる。

「この場所にあってしかるべきものを選んでいます。環境とものがリンクしていると、ダイレクトにその商品の魅力を伝えることができる。例えば、東川の生活では、冬は家の周りを除雪しなくてはいけません。だからこそ、防水、防風、透湿性を備えた素材を自然に身につける。ここにあるのは、僕らにとって実用的なものばかりなんです」

　同じものであっても、環境によって見え方は異なる。便利で快適な都心の生活で、

左ページ：店舗は木々に囲まれた山小屋のよう　右ページ・左上：ロゴは大雪山をイメージ　左下：衣類、雑貨、アウトドアグッズなどを揃える　右：店長の米山勝範さん

必要以上に機能性の高いアウトドアブランドのアイテムを使うことは、どこかリアリティに欠ける。そういう意味で、SALTには"ホンモノ"がある。

また、米山さんは、ビジョンを持ってものづくりをしているブランドしか扱わない。仕入れ先との関係は、札幌のアパレルショップで働いているときに培った。業界内で同じ考え方を持つ者同士で気が合い、付き合いが続いているという。

東川でSALTをオープンする計画を彼らに話したとき、みなおもしろがって賛成してくれた。惚れ込んでいるブランドを扱えることになり、店が実現した。結果として、札幌や旭川では手に入らないブランドも揃えられている。

「作り手も、自分の商品を置く場所を選びます。都会で売る方がたくさん売れるけど、ここに置いているブランドの方たちは、売り上げ優先でものづくりをしているわけじゃない。だからこそ、僕がしたいことも理解してくれるんだと思います」

<u>渋谷や代官山にあるような店が、
なぜ北海道の小さなまちに?</u>

SALTでは、東川のロケーションと、米山さん夫婦の生活と、信頼できるブランドの

夏期のみ利用できるウッドデッキでは、ちょっとした森林浴を楽しめる

商品がすべて揃って、ひとつのスタイルを表現している。知らずに訪れた人は、渋谷や代官山にあるようなおしゃれな店が、どうして北海道の小さなまちにあるのかと不思議に思うかもしれない。都心の店ほど洗練されているという思い込みは、ここにいると覆される。

SALTはまちの外れにあるため、お客さんは何かのついでではなく、目的意識を持ってやってくる。休日はレンタカーを借りて、SALT目当てに東川を訪ねてくるお客さんも多い。そうした状況は、お客さんとコミュニケーションをとりやすく、米山さんは商品一つひとつに込められた作り手の思いやストーリーを丁寧に伝える。それどころか、わざわざ来てくれたお客さんのためにドリンクを提供するカウンターすら設けている。天気のよい日は、屋外のウッドデッキに佇みほっと一息つける。

「うちは間口を広めるために何かをするつもりはありません。来てくれたお客さんがよい店だと感じてくれたら、徐々に認知されていくと思っています。情熱を持って続けていけば、きっと伝わるはずです。それが通用しなくなったら、もう店を持つ意味はないですね」

米山さんはすっと伸びた姿勢で、今日も店に立つ。

SALTではドリンクも提供。買い物だけでなく空間を楽しむために長居したい

STANDARD 2
スモールビジネスの多様性が地域を強くする

CASE：身の丈にこだわる「ファーマーズカフェ 風土」

　養鶏農家「ファーム・レラ」の新田さん一家が稚内から移住してきたのは、2007年のこと。由憲さんが志す有機栽培の米作りができる土地を求めて、東川にたどり着いた。妻のみゆきさんはこう振り返る。
「移住を決断する際、役場の方が親身になって相談にのってくれたことは大きかったです。北の住まい設計社さん（P144）など、先だって移住している人たちもいるし、何より生活水が上質な地下水であることが魅力でした」
　新田さんたちは、子どもが食品添加物や環境化学物質にアレルギー反応を起こすこ

ともあり、できる限り体に負担のかからない、自然に則した生活を実践している。
「養鶏も、もともと家族が食べる卵のために始めました。だから、ファーム・レラの卵はおすそわけをしている感覚なんです」
　飼育している鶏のエサは、輸入トウモロコシではなく東川のくず米や上川産等外小麦など、厳選したものだけを与える。卵の黄身にはエサの色がそのまま反映されるため、ファーム・レラの黄身は、スーパーで売られているものよりも薄い色をしている。さらに、小屋のなかを自由に歩き回れる平飼いで育て、ホルモン剤や抗生物質は投入

していない。健やかに育った鶏が産んだ卵は、体にやさしいだけでなく、味も格別だ。

4名以上座れる席はあえてつくらない

　移住したての頃、新田さんたちは卵のネーミングを町内限定の折り込みチラシで募集した。60通ほどの応募があり、そのなかから「大雪なたまご」と名づけた。販売先のあてはなかったが、町内の店一軒一軒に売り込みをすることから始め、今では直接契約をしている飲食店だけでも6店。旭川にも出荷している。

　自宅の敷地内で「ファーマーズカフェ 風土」をオープンしたのは、移住してから1年後。もともとあった建物を、できるだけ天然由来の素材を使うために、自分たちの手で改装した。料理も、体に心配なものは極力使わず、素性のわかる食材で作っている。一番人気は、「大雪なたまご」を使ったトロトロのオムライス。市街地から外れた場所にあるにもかかわらず、いつもオープン前から駐車場に車が並ぶ。

左ページ：「大雪なたまご」は、東川、旭川の店舗で販売
右ページ：市街地から車で5分ほどのところにある「風土」。営業時間は11時〜16時。メニューがなくなり次第終了

「店は私ひとりできりもりしているので、お客さまには待ってもらうこともあります。申し訳ない気持ちもありますが、ここは農業者である私たちができる範囲でやっている店だということをご理解いただき、多少の待ち時間を許容してもらえればと思っています」

その分、提供する食事は妥協しない。ほかでは味わえないおいしさを求め、隣の旭川だけでなく帯広や札幌、本州からもリピーターが来る。混み合う時期を避け、あえて冬の空いているタイミングに来店するお客さんもいるとか。

風土の客席数は11席。みゆきさんの作業ペースに合わせて4名以上で座れる席はあえてつくらない。どうしても4名以上で着席したいお客さんには、東川の飲食店マップ（P120）を渡し、ほかの飲食店を紹介することもある。

「お客さまにびっくりされることもありますが（笑）」

<u>「東川には多様性を許容する風土があります」</u>

みゆきさんは、自分たちの経営スタイルを「スモールビジネス」と呼んでいる。
「私も夫も、規模を拡大してたくさん稼ぐよりも、自分たちの価値基準を守りながら、

「みなさんのおかげで、なんとかここに根をはれています」と話すみゆきさん

無理の生じない範囲で展開していきたいと考えています」

このスモールビジネスの多様性が東川という地域を強くしている。とはいえ、大きなビジネスを否定しているわけではない。新田さんも近くにある大規模農家とも交流があり、彼らの存在も重要だと感じている。

「どちらがよい悪いではなく、同じ地域のなかに大小さまざまなスタイルが混在している状態が理想だと思います。生物多様性と同じで、何かひとつだけが一時的に盛り上がっても、必ず限界がやってくるだろうし、時代の変化にもついていけない。その点、東川には多様性を許容する風土があると思います」

養鶏を連れて移住してきた新田さんたちに対する、地元の人たちの態度は、まさに寛容だったという。干渉や邪魔はせず、かといって無関心というわけでもない。そのほどよい距離感は、独自のスタイルでビジネスをする新田さんたちにとって、ありがたかった。

「東川の多様性のひとつでありたい」とみゆきさんは言う。ファーム・レラは、2015年から念願の米作りにも着手した。目が届く小さな範囲で、安心できるものを提供する。今も日々模索中だという彼らの生き方、働き方に共感する人が今日もこの店を訪れる。

オムライスは、東川産のトマトで作られたトマトジュースで炊き込んだごはんに、「大雪なたまご」をたっぷりのせた逸品

STANDARD 3

「田んぼの真ん中の創業」は
トップクオリティを育てる

CASE：世界の一流とつながる「ヨシノリコーヒー」

　広大な田園風景のなかに、「ヨシノリコーヒー」はある。オープンしたのは、2015年の春。もとは農家の納屋だった建物をリノベーションし、店舗と自宅を兼ねさせた。自家焙煎した豆で淹れるコーヒーは、はっとするほど香り高く、贅沢な味わいだ。田んぼの真ん中でこんなにおいしいコーヒーが飲めることに、驚いてしまう。

　オーナーである轡田紗世さんと夫の芳範さんは、もともと旭川に住んでおり、東川はよく行くドライブスポットだった。通りがかりに今の物件が売りに出されているのを見つけ、「ここで店ができる」とひらめいたそう。東川の地下水の性質が、ミネラルのバランスがよくコーヒーに適していることも、背中を押した。

夫はロースター、
妻はオーナー兼バリスタ

　コーヒーの焙煎は、芳範さんの趣味だった。「夫はなんでも突き詰める性格。ちょうど結婚するときに焙煎にはまっていて、結納返しは焙煎機でした(笑)。最初は自分たちでは飲みきれない豆をイベントで売る程度だったんですが、口コミで注文を受けるよ

うになり、まさかお店まで出すことになるとは」

　ヨシノリコーヒーで提供しているのは、"スペシャルティコーヒー"と呼ばれる、一定の評価基準を満たしたコーヒー。質の高いコーヒーを提供できる理由は、芳範さんが業界の最先端にいるからだ。

「結局、中心部に行かないと情報を得ることができない。だから、コーヒー関係の協会の集まりやセミナーなど、ことあるごとに東京に行っていました。今東京の一等地でスペシャルティコーヒーを扱っているカフェのオーナーは、だいたい知り合いです」

　そう語る芳範さんは、実は旭川に勤めるサラリーマン。休日に店の手伝いをするものの、運営は紗世さんに任せている。店のオープンにあたって、紗世さんは「やるからには力を入れなきゃ」と、有名バリスタのセミナーに通った。

「うちでは、雑誌や本に載っている有名なコーヒーマイスターと同じ豆を扱っているし、原宿にある人気のコーヒー店と同じ焙煎釜を置いています。どれもこんな田んぼ

左ページ：最高級と言われるドイツの老舗メーカーの焙煎機で焼く　右ページ・左上下：自家焙煎珈琲豆は卸販売もしている　右：休日はロースターになる芳範さん

の真ん中にあっていいのか不思議ですが、提供するんだったら本格的なものにしたい」

最高の豆を
地球の裏側から仕入れる

「ヨシノリコーヒー」に入ると、カウンターの奥に家族のリビングが見える。仕切りがない方がストーブの熱効率がよく、空間の圧迫感もない、建築コストも節約できるとあって、設計の際に思い切って店と家を合体させたのだという。「昔ながらの商店街の店って、奥に生活スペースがありますよね。そんなノリです」と芳範さん。紗世さんが最初に設計図を見たときは、目を疑ったとか。

「ふつうはプライベート空間は分けますよね。こんな造りが現実的にありえるのか、想像できませんでした。生まれたばかりの娘もいるし、正直不安でした」

いざ生活を始めてみたところ、予想していたよりすぐになじむことができた。建物の造りだけでなく、農家の多い土地柄も手伝って、どんどんアットホームになっていったという。

「付近の農家さんが、うちの敷地を通らないとトラクターを自分の田んぼに入れられないんです。自由に出入りしてもらっている

店は田んぼのなかにあるため景色がいい。大雪山連峰を望みながら飲むコーヒーは、また格別

うちに、こちらもだんだん気を遣わなくなりました」

また、農家が田んぼで作業している様子を間近で見ることで、コーヒー豆に対して想像力が働くようになったという。ヨシノリコーヒーでは、海外の農家から直接契約をして仕入れているダイレクトトレードの豆を扱っている。「世界でもトップクオリティの豆」と芳範さんが評するものを、地球の裏側にいるコーヒー豆農家が、どんな気持ちで育てているのか。想像すると、店に立つ気持ちも引き締まる。

紗世さんは、移住してきてからの日々の出来事を、密かに書き留めている。

「あまりにも予期しない人生になってしまっているので、記録しておこうと（笑）。実は私、カエルが苦手で……。大変なこともありますが、ここは景色もいいし空気もきれい。いるだけで気分がスッキリします。そんな環境にいるから毎日穏やかに過ごせているのかな」

慣れない移住生活や店の経営、子育てのなかで、紗世さんは上手にバランスをとる。

将来のプランは、子どもが寝た後に夜な夜な2人で話す。10年後には、自宅スペースをオープンなコミュニティの場にしようという計画もある。生まれ変わった空間の可能性は、まだまだ広がっている。

カウンターの奥は自宅スペース。床と柱は農家の納屋だったときのものを残している

STANDARD 4

自然は「自然に暮らす」ことを促す

CASE：定休日は「平日のどこか」のノマド

「ノマド」のオーナー、小畑吾郎さんは旭川市出身。約5年前、札幌に住んでいた小畑さんは、ある日、山登りをするために、高校時代からの友人である「SALT」の米山勝範さん（P26）宅に泊まっていた。

当時のSALTは、現在の場所に移転する前。道を挟んだ向かいには、「日立テレビ」と大きく書かれた建物が立っており、小畑さんはそこを窓からなんとなく眺めていた。

「そのとき、まさに目の前の、その物件が空いていると教えてもらったんです」

小畑さんは、それまで飲食店やギャラリー、花屋など、さまざまな場で働いた経験

から、いずれ自分のカフェを持ちたいと思っていた。必要な機材や食器を少しずつ買い揃えていたが、札幌に店を出すのはピンときていなかった。一方で、登山や釣り、スキーに入れ込んでおり、東川にもよく遊びに来ていた。

「ちょうど、共通の趣味を持つ仲間が集まる場所が、東川に欲しかったんですよね。のんびりできて、さくっとご飯も食べられる、いい塩梅の店が当時はなかった。だったら自分がやっちゃおうと思って」

2011年、ノマドはオープンした。壁には小畑さんのコレクションであるビンテー

ジのスキー板が立てかけられ、窓辺には薪が積み上げられている。ゆったりできるソファーテーブルに、自由に読める本や雑誌。雑貨も販売している。一見何の店かわからない人もいるかもしれないが、すべてがDIY（Do it yourselfの略。自分で作ったり修理したりすること）をした小畑さんのセンスで統一されていて落ち着ける。営業時間は12時オープンとだけ決まっており、クローズは食材がなくなり次第。定休日は「平日のどこか」。

「最初は営業時間を決めていたけど、やめました。お客さんの波が激しくて、それに合わせて食材を常備するのが難しかった」

あえて表立って言わないものの、ノマドの食事は化学調味料をできるだけ使わない。お米は毎朝店で精米している。早々に店を閉める理由には「ストックしたご飯など出したくない」というこだわりもある。

町民も、小畑さんのペースを理解して、クローズしているかもしれないことを前提に、ノマドへ行く。開いていなくても、まぁいい。そうしたゆるさが、ノマドの魅力でもある。

「ないことのありがたさ。
そのない感じも、悪くないんですよ」

「東川では手に入らないものの方が多い。例えばDIYをしていて『このサイズのネジ1本あれば事足りる』ってときも、手に入らない。そのない感じも、悪くないんです。何でもあって便利より可能性があるというか」

左ページ：「東川は観光地化されていないところが魅力」と小畑さん。プロスキーヤーを招いてイベントを開催したこともある　右ページ：コレクションのスキー板

また、金銭的な無駄もなくなった。趣味のアウトドアには出費をするものの、普段は買い物も外食もほとんどしない。使うのはガソリン代くらいだとか。

「できることが限られている場所で、無駄をそぎ落とした分だけ、しっかりしたものが残る。今のようなシンプルな暮らしが、ずっとしたかったんです」

小畑さんは、毎日夕方に近隣の川へフライフィッシングに出かけている。冬は早朝にスキーをしてから店を開けることも。この日の朝はキノコ採りをした。こうして日々、自然のなかでの暮らしを満喫している。

STANDARD 5

「自然の一部として生きる」から自分らしいナリワイをつくれる

CASE：フードライターになったデザイナー尾崎満範さん

　デザイナーである尾崎満範さんは、2002年に旭川市から事務所ごと東川町にやってきた。生まれは北海道紋別市。曰く、「『おしん』の家のようなところ」で育ったため、尾崎さんは田舎が大好き。移住するまでは、観光パンフレットなどを制作する地方行政関係の仕事で、田舎愛を満たしていた。ある日、取引先の人に「絶対住みたくなるから」と、東川の廃屋に連れて行かれた。残雪の季節、晴れ渡る空に大雪山連峰がくっきりと見え、麓には一面に続く田園。確かに、心が動いた。

　しかし即決はできなかった。デザイン会社として事務所がローカルにあると説得力がない。「名刺を出したときに誇りを持てるだろうか……」。悩んだあげく、引っ越しを決断した一番の決め手は、水だった。

　「消毒された水道水よりも、東川の伏流水の方が体に合っていました。というのも、僕は子どもの頃から化学調味料や添加物など、人工物を受けつけない体質なんです。冷凍食品やコンビニ弁当はもちろん、学校給食でさえ吐き気がしてしまう。鮮度の落ちた野菜も苦手で、スーパーの野菜の味に不満を感じていた。大人になっても食にはずっと苦労していました」

自分が食べられる食材を得るため、いつかは畑を持ちたかった尾崎さん。現在は自宅の隣に畑を持ち、収穫したものを日々のおかずにしている。お米は減農薬の農家から直接購入し、味噌汁の味噌は自分で育てた大豆と東川にある味噌蔵の麹を使い、奥さんが手作りした。
「こっちに来た当初、僕の健康診断の結果は、血圧を含めて5項目くらいイエローカードでした。それが10年も経たずにすべて正常値になって、食の大切さを実感しました」

移住して、天職に出会う

　懸念していた仕事面では、デザイン業に加えてフードライターという天職に出合った。北海道新聞旭川支社から毎週発行されるフリーペーパーに、飲食店を紹介する記事の連載依頼があり、現在も続けている。
「紹介する飲食店の基準は、僕が食べられるかどうか。実際に足を運び、自分の舌で選んでいます。どんなに大変でも食材や調理方法に妥協せずにがんばっている店を、応援するつもりで書いています」
　これが好評を博した。尾崎さんが紹介する店はどこもお客さんが押しかけ、うれしい悲鳴をあげている。
　そんな尾崎さんから見ても、東川の飲食店はレベルが高い。お客さんも東川の水準を期待するため、冷凍食品を出す店がたまにオープンしても、1年ともたない。
　今、尾崎さんは1000軒以上食べ歩いてきた経験をもとに、選りすぐりの飲食店を紹介する「kutta（くった）」というフリーペーパーを自社で発行している。講演会や講座の依頼も入るようになり、フードライターとして活躍の場を着々と広げている。
「東川の自然環境に身を置いていると、裏表がない生き方というのを信じることができます。自然界に"嘘"というものは存在しませんよね。だから自分も地でいこうと。人に喜ばれると信じる道を疑わずにいけば、活躍できる場があるんです」
　移住前の不安とは裏腹に、尾崎さんは今、名刺にある東川の住所に誇りを持っている。

左ページ：抜群のロケーションにあるデザイン事務所　右ページ：130坪の畑で60品目の作物を育てている尾崎さん。食にこだわることでフードライターとしても磨かれる

STANDARD 6
「境界の創業」が地域の共創を生む

CASE：田んぼサイド＆ロードサイドのおむすび屋「ちゃみせ」が地域をむすぶ

　まちのメイン通り沿いにあり、7時30分にオープンする（夏期。冬期は8時）おむすび屋「ちゃみせ」は、出勤途中のサラリーマンや、忙しい主婦たちに重宝されている。一つひとつ丁寧ににぎられるおむすびは、東川産の玄米を使用しており、おいしくて栄養価も高い。

　店長を務めるのは、千葉紘子さん。ちゃみせはもともと旭川市の中心部に店をかまえており、千葉さんの叔母が店長をしていた。移転のきっかけは、4年ほど前に東川の一角に支店を持ったこと。千葉さんは当時をこう振り返る。

　「旭川の周辺エリア全域を候補に、おむすびの販売先を探していました。東川は道草館の方などが親切で出店が決まりました。実はそのときはまだ、東川がこんなに素晴らしい場所だとは知らなかったんです」

　支店に通ううちに、東川の環境のよさに気づいた千葉さんは、いつしか「ここでおむすびをむすびたい」と思うようになっていった。東川の田んぼの水は、大雪山の伏流水をくみ入れている。きれいでミネラル豊富な水で育ったお米を、同じように大雪山の伏流水で炊く。炊きあがったごはんを気持ちをこめてむすべば、最高のおむすびがで

きあがる。

千葉さんは、旭川に店をかまえていた頃から東川の影響力を感じていた。
「例えば旭川で開催されたイベントに出店したとき、旭川に本店があるにもかかわらず、"東川にあるちゃみせ"と覚えていて声をかけてくださるお客様がとても多かったんです」

旭川の人たちの意識には"東川ブランド"なるものがある。そして、そのブランドネームは、今や北海道全域に広がりつつあるようだ。

「お米の成長に力をいただきながら、おむすびをむすんでいます」

2014年4月、千葉さん一家は晴れて東川に移住し、自宅と同じ敷地にお店をリニューアルオープンした。
「移転は私たち家族にとって大きな決断でした。東川の田園風景にお客様が来てくださります」

現在、ちゃみせでは、店舗販売のほか、道草館や旭川市内にある複数の施設にもおむすびを出荷している。
「東川にはおいしいものがたくさんある」と千葉さん。玄米は東川の契約農家から直接仕入れ、おむすびの具もなるべく地元で採れたものを使用している。

また、「ファーム・レラ」（P30）の「大雪なたまご」がまるごと一個入った「半熟卵おむすび」や、「讃岐うどん 千幸」（P52）自家製の佃煮を使った「千幸さんのつくだ煮むすび」など、町内の飲食店とのコラボレーション商品も置く。お店のなかで地域の共創が自然と起きている。
「毎日、周りの田んぼのお米の成長に力をいただき、自分たちもがんばろうと思っています。農家さんが一生懸命作業している姿を見ているので、より愛情がこもりますね。来年の収穫も楽しみです」

ちゃみせの庭からは、農家の田んぼを見渡せる。椅子に腰掛け、買ったばかりのおむすびをほおばれば、究極の地産地消をかみしめることができる。

左ページ：澄んだ空気のなか、できたてのおむすびをほおばる贅沢　右ページ：玄米のおむすびは、白米を混ぜることで、ふっくら仕上げている

01 | Life & Work

STANDARD 7
「みんなでDIY」で地域のサードプレイスを育てる

CASE：目抜き通りにあるコーヒーショップ「ロースターコースター」のカールさん

　東川のなかでも特に人通りの多い道の並び、町立日本語学校の向かいに、コーヒーショップ「ロースターコースター」はある。店主のカールさんはイギリスの小さな村出身。初めて訪れたときに日本を気に入り、母国で英会話教師の資格をとってから、再びやってきた。東京で英会話教室の会社を経営しているときに奥さんと出会い結婚。子どもの誕生を機に、イギリスと風土が似ている北海道に移住した。

　エリアにはこだわらずに職を探し、カールさんは旭川の教育委員会に就職した。

　旭川で子どもたちに英語を教えていたところ、続いて奥さんが東川町観光協会に就職が決まったため、東川へ移住した。しばらくは町外への通勤生活を送っていた。

　そんな折、友人の物件を引き継いで、コーヒーショップを開かないかと誘いがあった。カールさんは迷うことなく勤め先を辞めた。

　物件はリフォームが未完成だったが、仲間を集めてDIYで完成させた。

「"ワークパーティー"といって、みんなで食べたり飲んだり、パーティーをしながらDIYをしました。ただ手伝いに来てもらうより、その方が楽しいから」

　東川で自家焙煎のコーヒーを提供するに

は、観光客を相手にし、価格帯を上げる方法もあった。しかしカールさんは、地元の方がいつでも来やすいようにと、できる限り安くした。すると、店は閑散期でも賑わうようになった。お客さんたちは、コーヒーとちょっとしたスイーツで、何時間もおしゃべりに興じる。

「コーヒーは毎日飲むもの。帰りがけにコーヒー豆を買っていく人も多いです」

豆の種類には、「旭岳」や、「2291」（旭岳の標高）など、地元にちなんだ名前をつけている。パッケージデザインは、ロンドン在住の従兄弟にお願いしたものや、カールさん自身が東川や北海道をイメージしてデザインしたもので、洗練された仕上がりだ。最近は、町外のホテルやカフェへの卸し、新メニューのパスタにも力を入れている。

また、ロースターコースターでは定期的に音楽ライブやトークショー、個展なども開催。すっかり町民のサードプレイス（自宅でも職場でもない居場所）となっている。

イングリッシュ・スクール"も"ある

ロースターコースターの店舗には2階があり、カールさんはそこでもうひとつの商い、イングリッシュ・スクールも同時にスタートさせた。もともと旭川に勤めていたときから、道草館の2階など公共の場を借りて、休日に開いていた。

「当時生徒は25人いましたが、彼らからしてみれば、スクールの場所が移動しただけ

左ページ：ローカルに愛されるコーヒーショップ。地元にちなんで名づけられたコーヒーも人気　右ページ：大らかで話しやすいカールさん。もちろん日本語も堪能

です。もしコーヒーショップがうまくいかなくても、スクールがあるから心配いらないと思っていました」

現在は週に4日、マンツーマンからグループレッスンまで、さまざまな形で英語を教えている。2足のわらじをはく日々は忙しいが、何かあったらどちらへもすぐに行ける距離がいいという。

「最初は、ノープランでした」とカールさん。どこにいても、環境に応じて柔軟に生きる。優しくて気さくなカールさんは、店の仲間やお客さん、スクールの生徒など、たくさんの町民に慕われている。

STANDARD 8
効率よりも、自分らしく手間ひまをかける

CASE：一つひとつのパンに想いを込めるベーカリー「デメテル」

　東川の北西端には、まるで絵本に出てきそうな佇まいの店がある。澤田夢子さんが自家製パンと焼き菓子を焼いている「デメテル」だ。

　澤田さんは中学生のときに母親の実家がある東川に引っ越してきた。その頃にはすでに将来は飲食関係の仕事で独立しようと決めていた。高校卒業後に東京の製菓専門学校で学び、フランス・ノルマンディーの洋菓子店で1年間研修をした。千葉での勤務を経て実家に戻り、約10年前に「北の住まい設計社」のベーカリー立ち上げのスタッフになった。経験を積み、2008年に念願の自分の店を実家の敷地内に建てた。

　「旭川で営業した方がいいんじゃないかと言われたけど、ここがよかったんです。昔からよくしてくれた近所の方々や、家族、親戚、友人知人が喜んでくれるような店づくりをしたかった。それに、店のすぐ隣には、母親たちが有機栽培をしている広い畑があるんです。そこで採れる旬の食材を使いたくて」

　ドライトマトのフォカッチャやブルーベリーのベーグルといった、畑の食材を使ったパンは、デメテルの一押しだ。

　澤田さんは、東京や札幌にいるとき、都会は肌に合わないと感じていた。久しぶ

りに東京に滞在したときは、水道水のシャワーで湿疹が出てしまったほど。

「そのとき、地下水や自家栽培畑が身近にある東川の生活が恵まれていることを改めて実感し、自分にとって心地よい生活環境とおいしい食材は東川にあると確信しました」

<u>伝わりにくくても手間と時間をかけて</u>

　パンのレシピは、一からオリジナルを考えた。体によくない素材は使用せず、小麦粉は7〜8種類をパンによって使い分けている。さらに、自家栽培畑で年間を通して収穫される野菜やハーブ、ベリー類などを、自らの手で処理・加工しパンの材料にする。市販の加工品を使った方が早く効率的だが、それはしない。

「細かいことにこだわって、手間ひまかけていることは、パンを見るだけではわからないかもしれない。それでも手間ひまかけて作るパンこそ、デメテルのパンなんです」

　日々の生活のなかで丁寧に作った、おいしくて安全なパンを提供したい。そのためには、規模は小さくていい。だから宣伝もしない。

　そのかわり、澤田さんは自身のこだわりを「DEMETER通信」という、A4サイズの小さな冊子に毎月したためる。レジ横にさりげなく置かれたそれを読むと、パン作りへの真摯な姿勢が伝わってくる。また、SNSでもまるで手紙を書くように近況を綴り、お

左ページ：人気商品は、食パンとフルーツパン。町外から買いに来るお客さんも多い　右ページ：澤田さんは、店をオープンするにあたって不安はまったくなかったという

客さんたちとつながっている。

　デメテルのオープン時、東川にパン屋はほとんどなかった。しかし、現在はいくつもある。そのことを澤田さんは「恵まれている」と言う。

「ほかのパン屋さんがうちで置いていないタイプのパンを置いてくれているので、気兼ねなく自分のスタイルに集中できます。お客様も、お店を選べた方がきっと楽しいですよね」

　澤田さんのパンは、ハード系と呼ばれる固めの仕上がりで、かむほどに味わい深い。等身大の生活のなかで、丹精込めて作られていることが、味にも表れている。

STANDARD 9

自分のためを追求すると、みんなのためになる

CASE：元プロスノーボーダー・山岳ガイドの中川伸也さん

　道内最高峰・旭岳の麓にある東川は、日本屈指のウィンタースポーツのスポットだ。プロスノーボーダーとして活躍していたこともある中川伸也さんは、山に魅せられて2011年に札幌から移住した。
　きっかけは、期間限定の自然保護監視員として、半年間旭岳で働いたことだった。「東川に住んでいる同年代の友達ができたんです。みんなスノーボードや山が好きで、自分と似たようなマインドを持っていた。彼らと集ううちに、東川っておもしろい場所だなと思うようになりました」
　ちょうど本格的にガイド業を始めようと考えていたことや、結婚のタイミングも重なり、「住もうかな」と思い立ってからはトントン拍子でことが進んだ。移住後、中川さんはガイドサービス「Natures」を立ち上げ、夏期は登山、冬期は自然の山中を滑るバックカントリーなどの案内をしている。
　スノーボーダーとしての活動は、大学時代から。バックカントリーにはまり、国内外の雪山を滑っては写真や映像を撮った。専門誌の表紙を飾ったり、スポーツメーカーのプロモーションビデオに出演したりしていたため、スノーボードファンからよく知られた存在だ。現在も、有名なスポーツブラ

ンドがスポンサーになっている。

東川をアウトドアのまちへ

　中川さんは、東川で山に通ううちに、家から5分のところにある「キャンモアスキービレッジ」のゲレンデの一部を整備したいと思うようになった。
「スノーボードでは、コースの隅の"乗り面"を滑ってラインをつける遊び方があるんです。『あそこを整えれば、もっとおもしろいスキー場になる』という場所があったんです」
　あるとき、東川振興公社がゲレンデを大々的に整備することになり、中川さんはボランティアスタッフとして参加しながら、かねてから気になっていたその部分にも手を入れさせてほしいと申し出た。そして、共感してくれる仲間とともにスキー場の一部を広げた。
「自由にさせてくれた振興公社も、すごいですよね……。去年まではできなかった滑りができるようになって、スノーボードやスキーをする子どもたちの楽しみも増えたと思います」
　中川さんには4歳の子どもがいる。自分がそうであったように、東川の子どもたちにも、スキー場でたくさんの思い出をつくってもらいたい。「とはいえ、本当は自分たちが一番滑りたいんですけどね（笑）」。
　アウトドアというジャンルにおいて、長年業界の中心にいる中川さんの影響力は大きい。2013年からスタートした町民によ

左ページ：バックカントリーを滑走する中川さん　右ページ：「アウトドアも東川の文化として盛り上げたい」と語る

るイベント「東川アウトドアフェスティバル」（P134）でも、中川さんが運営に加わることで、多くのアウトドアメーカーが参画することになった。
「アウトドアのフィールドとして、東川の観光産業が盛り上がれば、僕らとしてもうれしいです。イベントを続けていけば、写真と同じように、アウトドアも東川の文化として定着するかもしれません。そうなったらいいですよね」
　中川さんは、同じように山を愛するメンバーとともに、東川のアウトドア文化を活気づけている。

STANDARD 10
企業が「まちのスタイル」を独自発信しブランドを育てる

CASE：現地ガイドとともに製品開発に挑むソックスブランド「YAMAtune」

「くたくたになった靴下は、僕らの宝です」

そう語るのは、老舗ニットメーカー「ヤマツネ」大雪山店店長の横山昌和さん。横山さんは、使用済み靴下の山を大事に保管している。というのも、地元の山岳ガイドにモニターになってもらい、商品開発を行っているのだ。

ソックスブランド「YAMAtune（ヤマチューン）」は、1963年に創業した同社から2013年に新しく誕生した自社ブランドだ。機械メーカーと開発した靴下のかかとを立体的に編む手法で、より機能性を求められるアウトドアやスポーツ、健康といったジャンルに特化した靴下を展開している。

ブランド立ち上げは、まさにゼロからの挑戦だった。目指したのは、北海道でのシェアナンバー1。冬の過酷な環境に耐えられる商品が評価されれば、日本全国ひいては世界に通用するブランドになるはず。横山さんは、開発したばかりの商品を、北海道の登山用品店に売り込んで回った。しかし、ソックス売り場は、海外の有名ブランドに占領され、入り込む余地がない。

「もっと知名度を上げてから来てほしいと断られ続け、途方にくれる毎日でした」

足りないのはネームバリューと実績だけ。

製品はどこにも負けない自信がある。ならば、品質を直接お客さんに感じてもらえればいい。そんな発想がアンテナショップの出店につながった。道内全域を候補に出店エリアを探して見つけたのが、東川だった。

「アウトドアのメッカであるニセコか、ビジネス的に考えれば札幌という選択肢が妥当でした。でも、リサーチをしていくうちに、東川しかないと思うようになりました」

理由は、アウトドアメーカーのモンベルが店舗を構えており、一定のニーズが見込まれること。より重要だったのは、地元の山岳ガイドの存在だった。

「彼らは山を愛し、地元に根をはっている。日々お客さんの安全や命を背負って山に入り、冬は−30℃にもなる過酷な環境に立ち向かいます。東川には"ホンモノ"の環境があり、"ホンモノ"の人がいた。日銭を稼ぐのであれば、人口の多いエリアに出店します。でも僕らはそういう東川で自分たちのブランドを育てたいと思ったんです」

実際、東川は商品開発に最適だった。山岳ガイドたちは、YAMAtuneの靴下を履いて山に入り、穴が空くと店に持ってきてフィードバックをくれる。横山さんは使用回数や使用時の状況などを細かく聞き取りデータを蓄積、商品の改良を重ねている。

<u>カタログで伝えたかったのは、
商品より東川というまちのこと</u>

2014年に開店してほどなく、横山さん

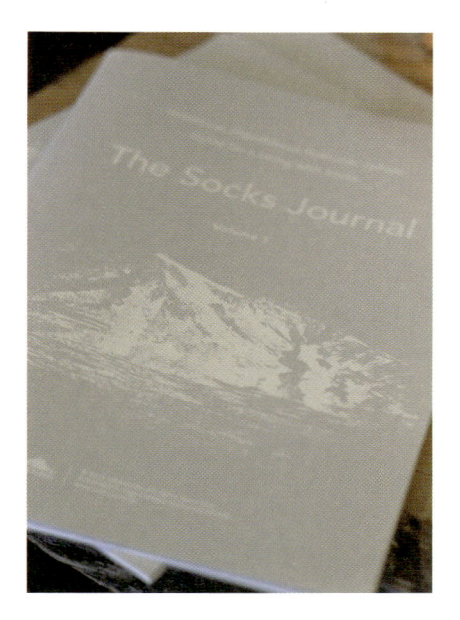

左ページ：YAMAtuneのソックス　右ページ：カタログは、デザイナーやカメラマンなどすべてのスタッフが東川在住。英語の対訳つきで海外でも好評を得た

はYAMAtuneのカタログ『The Socks Journal』を制作した。表紙には大雪山のシルエットがデザインされ、ページをめくると、冬山の登山レポートや、東川を舞台にしたファッションスナップが掲載されている。商品紹介は後半の数ページだけだ。

「カタログで伝えたかったのは、商品そのものよりもYAMAtuneがある東川というまちのことです。なぜなら、ここの環境自体が、僕たちのブランドだからです」

日を追うごとに、YAMAtuneを訪れるお客さんは、町外からも増えている。横山さんの挑戦は始まったばかりだ。

STANDARD 11
移住者たちのアキナイが「まちの文化」を多様化する

CASE：まちにうどんと書道の文化を浸透させた「千幸」

　東川のランチどきは、「讃岐うどん 千幸」に列ができている光景がお馴染みだ。店主は、4年前に札幌から家族で移住をした大波彰紘さん。
　「昔から田舎にあこがれがありました。それに、子どもを自然豊かな環境で育てて、故郷をつくってあげたくて。東川はそれを叶えるのにぴったりの場所でした」
　彰紘さんは移住にあたって脱サラをしたので、仕事がないことが問題だったが、「どうせなら自分たちで何かやろう」と、以前から好きだったうどん屋を始めることにした。
　「北海道には、ラーメン屋やそば屋はたくさんあります。その競争に入っていくのはちょっと大変だな、と。その点、うどん屋はほとんどないので、やっていけるかもしれないと思いました。今思えばチャレンジですよね。当時は冷静に周りを見ることができていなかったんじゃないかな（笑）」
　うどん作りの経験はなかったが、本場香川や札幌で手打ちを練習した。そして、うどん文化のなかった東川に、新しい食文化を持ち込んだ。
　すると、予想以上にお客さんが訪れた。「一日のお客さんが少人数でもやっていけるように運営を設計していたので、最初は

『いいのかなぁ』と、申し訳ないくらいでした。うどんの作り方も店の回し方もまだまだなのに。本当に、感謝しかないです」

うどんの材料はシンプル。小麦と塩、そして水だ。小麦と塩は選りすぐりのものを取り寄せ、東川のミネラル分豊富な天然の地下水で練る。もちもちと、こしのあるうどんを、これまた天然水を使ったいりこ出汁でいただく。

千幸のうどんは、「たくさん食べてもらいたい」というサービス精神からボリューム満点。しかも、天ぷらなどがつくセットでも1000円を切るほどコストパフォーマンスもいい。

結果、子育てのためランチだけしか営業していないにもかかわらず、旭川からもリピーターが絶えない。彰紘さんは、何人ものお客さんの顔を覚えている。2012年には、『ミシュランガイド北海道2012 RESTAURANTS & HOTELS』に、「田舎そば たちばな」「居酒屋 りしり」と並び掲載された。

「毎日せいいっぱいやっていますが、まだまだ勉強中です。もっともっとおいしいうどんを打ちたいですね。おつゆも驚くほどおいしいものを作りたい」

大波さんは、謙虚でいながら、飽くなき向上心を語る。

週に1度は書道教室も

奥さんの千幸さんは、お店を手伝う傍

左ページ：ボリューム満点の千幸の讃岐うどん　右ページ：週に1度、店先に習字教室の表札がかけられる。店内には、子どもたちの習字が飾られている

ら、2013年から地域に住む小・中学生を対象に、習字教室を始めた。きっかけは、長年千幸さんに書道を教えてくれていた祖父が、他界したことだった。祖父に教わった書道の素晴らしさを、次世代にも伝えたい。そう考えた千幸さんは、週に1度、閉店後の店で、子どもたちに教えている。うどん屋として営業しているときも、座敷の壁には子どもたちの作品が貼り出されており、アットホームな雰囲気を醸し出している。

うどんも、習字も、これまで東川になかったもの。移住者たちのアキナイによって、まちの文化もどんどん多様になっていく。

STANDARD 12
何歳になっても役割がある地域は豊かさを育む

CASE：定年退職後に移住した香川芳見さん、登美子さん夫妻

　香川芳見さん、登美子さん夫妻は、2008年から東川の分譲住宅地「グリーンヴィレッジ」（P96）に住む。

　移住したのは、芳見さんの定年退職がきっかけ。旭川市の都市部に住んでいたが、老後を穏やかに暮らす場所を探していた。

　移住先を東川に決めたのは、登美子さんだった。自宅の庭でガーデニングや小さな畑をしたいという希望があった。そこで見つけたのが、「緑とともに育む街」のコンセプトで建てられた東川の分譲住宅「グリーンヴィレッジ」の広告だった。

　「住民が主体的に参加する地域づくりというコンセプトに共感しました。実際に足を運んでみて、遠くに大雪山連峰を望む水田の風景があるのも気に入りました」

　一方、現役時代は小中学校の教員として過ごしてきた芳見さんには不安もあった。「リタイアした男性は、急にやることがなくなって、時間をもてあますといいます。私もどう過ごそうか、最初は戸惑いました」

　しかし、東川で趣味をみつけるのは難しいことではなかった。まず、「写真の町」だというので、カメラを始めてみた。被写体は、登美子さんが庭で育てる草花や、東川の風景。それからブログも始め、撮影した

写真をアップしていった。仲よくなったアメリカ人の友人が教えてくれた英語俳句も始め、写真と一緒に載せた。続けるうちに、道外からもコメントをもらうようになった。

「あんまり夢中になってパソコンにはりついていたので、目が疲れてしまってね。最近はさすがにペースを落としてます（笑）」

そうこうしているうちに、同じ地区に住む友人の誘いで、小学校や親と子の朗読会で絵本の読み聞かせをすることに。教員だった経験を生かせるかもしれないと挑戦したところ、これがまた楽しかった。さらに、東川に滞在している日本語研修生の、日常会話町民サポーターにもなった。

「今までの趣味は自己満足でしたが、誰かのためにすることに、まったく違う充実感を得ました。今は読み聞かせに来てくれる子どもたちの笑顔が生きがいです」

左ページ：「グリーンビレッジに移住してよかった」と笑顔で語る夫妻　右ページ：美しい写真とともに綴られる芳見さんのブログが、結果的に東川の宣伝にもなっている

どの季節も美しい自然のなかで

2人のある日のスケジュールは、こうだ。朝起きたら庭の畑に野菜を採りに行く。それを朝食で食べた後、登美子さんはテニスサークルの活動で旭川に出かける。芳見さんはラジオで英語を聴きながら家の掃除をし、その後は本の朗読をしたり、ブログを書いたり。登美子さんが帰宅したら、2人で昼食。芳見さんは30分ほど昼寝をしてから、天気がいいときは忠別川沿いのサイクリングロードを2時間くらいかけてサイクリングする。登美子さんは庭でガーデニングや畑の手入れにいそしむ。

「東川は、どの季節も美しい」と芳見さん。「春先は、川辺の柳が黄緑色に芽吹きます。秋は田んぼが黄金色に輝きますし、冬は雪景色を広角レンズで撮影すると、とてつもなく広大な世界が撮れます」

初夏には登美子さんの庭が見頃を迎える。「6月は特にたくさんの花が咲いて、本当にきれいなんですよ。試行錯誤手入れして、最近やっと満足できる形になってきました」

年に何度か子どもが孫を連れて遊びに来る。孫がうれしそうに畑で収穫をする様子を見るのも、かけがえのないひとときだ。

STANDARD 13

誇りになる場が人を集め、まちの基準を育てる

CASE：親子2代続く地域の名店「居酒屋 りしり」

　東川の玄関口にあたる「道草館」の裏手に、まちの自然と調和する、北欧風の木造建築がある。「居酒屋 りしり」だ。
「東川の誇りになるような居酒屋をつくりたい」
　現商工会会長の浜辺啓さん（P116）や、「北の住まい設計社」代表の渡邊恭延さん（P146）らが、中竹昭実さんにこう話をもちかけたのは、約20年前のことだ。
　中竹さん一家はもともと魚屋を営んでいた。しかしご主人が早くに他界したため、昭実さんは、息子と娘を育てながら赤提灯の小さな飲み屋を始めていた。ご主人の仲間だった浜辺さんらは、「まちの中心部に、東川らしさを体現する店が必要だ」と、昭実さんに熱く語った。
　新しい建物の設計は北の住まい設計社が手がけ、開店に向けて浜辺さんら4〜5人の仲間が準備を手伝ってくれるという。度々の説得を受けて、昭実さんの腹は座った。こうして1997年、みなでつくった「居酒屋 りしり」が誕生した。
「急にオシャレな建物になって、席もこれまでの3倍になって、借金もあったから、正直不安でした。その後は生活のために必死。でも、主人の友達が応援してくれて、まちのみんなに助けられて、なんとかやってこれま

した」

りしりが完成したとき、息子の英仁さんは大学生だった。自分も飲食店を持つことを目標に、卒業後は札幌の飲食店で働いていた。29歳のある日、母から電話があった。「このまま私が続けても、店はよくならない」。今が世代交代のタイミングだという母に、英仁さんはすぐに応えた。
「大変な思いをして働いている姿を見てたから、何かあったら帰ろうと決めてました」

流行りではなく、
旬の素材をおいしく食べる

Uターンをした英仁さんは、接客や仕入れ、魚の扱い方を教わるうちに、りしりという場の持つ意味に気づいていった。
「地元の常連さんはみんな親戚みたいだし、毎シーズンわざわざ遠くから来てくれる人もいる。都会でいい店を出しても、埋没してしまうと思います。東川だから、お客様といい人間関係を築くことができる」
東川でおすすめの店を聞くと、多くの人が「りしり」と答える。席は連日予約で埋まる。理由は、英仁さんと料理長の直山秀一さんの料理への並々ならぬこだわりだ。
「うちは奇をてらったりせず、当たり前のことをどれだけ深化させられるか。流行を追いかけるのではなく、もっとシンプルに、旬の素材をおいしく食べてもらいたい」
りしりでは、予約状況から次の日に出るメニュー数を予測し、仕入れる食材の量を

左ページ：北欧風の木造の店舗は、北の住まい設計社が設計した　右ページ：若旦那の中竹英仁さん。30歳を目前にお店を継ぐためUターンした

ギリギリまで減らすことで、常に新鮮な素材だけを扱う。魚は、亡くなったご主人の仲間だった、旭川の魚屋から仕入れている。旭川は北海道の内陸だが、実は東西南北から新鮮な魚介類が集まる。お客さんが来るから鮮度の高い食材が回転し、またお客さんが来るという好循環が生まれている。
最近は英仁さんの仲間も集まり、自分たちの生き方や東川の今後を、ざっくばらんに語り合う。地元への思いは世代を超えて引き継がれ、りしりは町民にとってなくてはならない"場"であり続けている。

STANDARD 14
豊かな自然環境が創造力を高める
CASE：クラフト作家のズビヤク早見賢二さん

「今日は旭岳がよく見える」
　木工クラフトアーティストの早見賢二さんは、毎日家から山を仰いでいる。
　約30年前、旭川市に住んでいた早見さんは、創作活動の場として、農家の空き家を探した。自然に囲まれ、工房にできる納屋があり、旭岳を望めることが条件だった。
　「富士山や筑波山など、土地によって故郷の山というのがありますよね。上川中央(旭川市を中心とした1市8町のエリア）に住むんだったら、やっぱり旭岳が見えないと」
　庭に湧き水の池がある現在の家は、理想を超えるロケーションだった。

　早見さんの代表作は、鳥のモビールだ。家にはたくさんの野鳥がやってきて、創作のヒントになっている。早見さんはこれまでに約80種類の野鳥を確認したという。
　敷地内にギャラリーを建てたとき、どういう名前にしようか悩んでいたら、庭でオオジシギという渡り鳥が鳴いた。オオジシギは特徴的な鳴き声が「ズビヤク」と聞こえるため、アイヌ語で「ズビヤクカムイ(神)」という。その鳴き声をギャラリー名にした。
　東川の幼児センター（P98）には、早見さんの作品が飾られている。木のぬくもりが、子どもたちに自然のよさを教えている。

01 | Life & Work

早見さんの仕事の取引先は全国にあるが、地元で自分の作品が使われることには、また違った喜びがあるという

STANDARD 15

Less is more. ──より少ないことはより豊か

価値共創の輪がゆるやかに広がる

　東川には、「Less」という大人のアパレルショップがある。洋服、生活雑貨、革小物、アクセサリーなど、一過性ではなく長く使い続けられるもの、日々の生活に本当に役立つものをコンセプトに据えており、その洗練されたチョイスは、目利きである人ほど一目置く。店名は、近代建築の巨匠ミース・ファン・デル・ローエの標語、「Less is more.」に由来する。意味は「より少ないことは、より豊かなこと」。物があふれている現代の消費社会において、物質主義を問い直す考え方だ。

　この「Less is more.」の志向は、ほかにも「SALT」「居酒屋 りしり」「ノマド」など、現在東川で店をかまえる40歳前後の団塊ジュニア世代を中心に見られる。彼らは仕事においても生活においても、自分たちが真にしたいことを追求する。流行や常識に左右されることなく、自分の時間やお金、エネルギーの注ぎ先を主体的に決め、身の丈に応じた暮らしの質を高めることに集中している。

　特に2000年代半ば以降、東川で飲食店やショップの新規出店が増加するなかで、同じ価値観を共有する人が集まり、そのつながりがゆるやかに広がっている。

STANDARD 16
生活者に徹底して寄り添うことで
地域商店の業態が変わる

変化を続ける老舗店舗

　入口を入ると証明写真機やクリーニング屋のカウンターがあり、その先には雑誌、駄菓子、プラモデル、コスメティック……。ジャンルを超えたアイテムがところせましと並ぶのは、まちの中心部にある「長沢商店」。店主の長沢義博さんは、「田舎の店なので、どうしてもこうなるんです」と言う。

　驚くべきは、長沢商店がもともと"下駄屋"だったことだ。東川には、独自のこだわりを追求する店がある一方で、もとの業態がわからなくなるほど、お客さんの要望に寄り添い、支持され続ける店もある。

　創業98年目の長沢商店は、地元になくてかつ需要があるものをなんでも取り入れてきた。その結果が、先ほどの陳列だ。「小さくても地元で生き残るには、町民が必要なものをいち早く仕入れることなんです」。豊富な品揃えは、まちに住むカメラマンが「旭川にもない備品がある」とうなるほど。

　「道草館」の正面にある飲食店「笹寿司」も、同じようにもはや"寿司屋"ではない。人気メニューは、3代目が千葉で修行を積んできたラーメン。ほかにも、カレーや丼もの、各種定食などメニューは豊富で値ごろ。店内は広く、一部テイクアウトや出前もできる利便性で町民のリピート率は高い。

STANDARD 17
突き抜けた本気の趣味・念願の夢がプロの仕事になる

チャレンジしやすい環境

「手作りハム工房 あおい杜」の扉を開くと、スモークの香りに包まれる。

店でいぶしているという燻製は、北海道産の豚肉と鶏肉を使ったハムやベーコン、タン、レバー、砂肝など、さまざま種類がある。すべて合成保存料、着色料不使用だ。

そのおいしさは、さぞ有名な店で経験を積んだのかと思いきや、店主の畑中昭夫さんは、「ずっと趣味でやっていたんです」と言う。仕事の傍ら趣味を追求するうちに、技術も味も本格的になり、ついに早期退職をして店を出したのだそう。

このように、趣味が高じてアキナイになったケースは東川では少なくない。起業支援制度があることや、新しいことにチャレンジしやすい雰囲気もあり、店を出すハードルが低い。

パン屋「自家製酵母ぱん まめや」もそのひとつだ。子育てしながら手作りのパンを友人におすそわけしていた三戸部智子さんは、子育てが一段落ついた2010年に自宅を改装して出店。名物パン屋として親しまれている。きっかけは、知人のカフェの依頼でパンを卸したこと。「初めて見ず知らずのお客様においしいと言われ、自分の店を持ちたいという気持ちが芽生えました」と語る。

STANDARD 18
「しないこと」の線をひくことでより豊かになる
"利益"よりも"らしさ"を優先

　東川には"利益"よりも"らしさ"を優先し、「しないこと」の線をひく店舗が多い。

　例えば「RAKUDA CAFÉ(ラクダカフェ)」。料理を作るところから会計まで、店主の髙橋美智子さんがすべてひとりで行っているため、営業は週休3日。混み合わないよう宣伝をしないし、取材はほとんど受けない。その分、訪れるお客さんとの人間関係を大切にすることで、クチコミでリピーターが集まる。

　また、「イタリアンレストラン&カフェ 古農家ゴローソ」は、グルメサイトへの投稿を断っている。ゴローソでは、店があるしのめ地区の農家か、店主の遠藤吾郎さん自らが育てた旬の野菜で料理をしている。そのため季節によってメニューが変わる。投稿サイトに写真が載ると、同じメニューがあると勘違いして来てしまうお客さんがいるので、誤解を未然に防ぐためだ。

　そのほかにも、休日しかオープンしない店や、ランチのみ営業する店、席数が限られた店など、飲食店のセオリーに反する営業スタイルが、東川では当たり前のこととして受け入れられている。ライフスタイルに合わせた無理をしない働き方、手間ひまかけた仕事の質が結果として価値を持ち、共感するお客さんが遠方からも足を運ぶ。

STANDARD 19

パートナーシップで自分らしい仕事をつくる

"ふつう"にとらわれない

　東川では、夫婦関係とアキナイのスタイルも多様だ。例えば「SALT」の米山さん夫婦は2人揃って店に立つ。「デメテル」では澤田夢子さんがひとりで店をきりもりしているが、店の内装の一部は木工作家である夫の小助川泰介さんが手がけており、キッチン用具など小助川さんの作品も販売している。「ヨシノリコーヒー」は、轡田紗世さんが夫の芳範さんの夢を叶える形で店をオープンした。東川の文化度の高さを底上げしている「北の住まい設計社」では、強い信念を貫く渡邊恭延さんを、妻の雅美さんがきめ細やかにサポートしている印象だ。

　ユニークなのは、「ノマド」の小畑吾郎さん、有希さん夫婦。最初は有希さんもノマドの手伝いをしていたが、自分もお菓子の店を持ちたいという気持ちがもともとあり、「LOLO byノマド」という形で近くにオープンした。「僕らの場合、向いている方向は一緒だけど、別々の店を持つ方がよかったんです」と吾郎さんは話す。有希さんは10歳と4歳になる子どもの世話もしているので、LOLOは土日のみの営業となる。

　一般的な形にとらわれず、自分たちに最も適した選択をするのが、東川流のパートナーシップだ。

STANDARD 20

「Life（くらし）」のなかの
「Work（しごと）」が
自然な幸せをつくる

子育てと仕事が両立する空間で働く

　東川には、ワークライフバランスという言葉が似合わない。当たり前のように「Life（くらし）」のなかに「Work（しごと）」があるのだ。例えば、このまちでは子どもの面倒を見ながら働く人にたびたび出くわす。カフェやベーカリーでは、店主である母親が、自分の目が届くところに赤ん坊を置いて接客をしている。赤ん坊は親の近くでお客さんを眺めながら過ごし、お客さんの方は、店に入るなり赤ん坊の無垢な視線に出迎えられる。町民にとっては慣れ親しんだ光景だが、東京だったら見られない。

　また、父親が職場に子どもの居場所を設けているケースもある。ある映像制作会社には、1畳程度の保育スペースがある。営業時間に幼児がおもちゃや絵本で遊ぶことを、同営業所に勤めるスタッフ全員が当たり前のことと受け入れ、面倒もみている。

　日本では、職場と子どもの居場所は基本的に分けられているが、東川では、ひとつの空間に共存している。「東川では、子どもの成長を周囲のみんなが一緒に喜んでくれるので、孤独にならなくて済みます」とヨシノリコーヒーの轡田紗世さん。仕事のために暮らしをおろそかにする必要はない。それが、このまちではスタンダードだ。

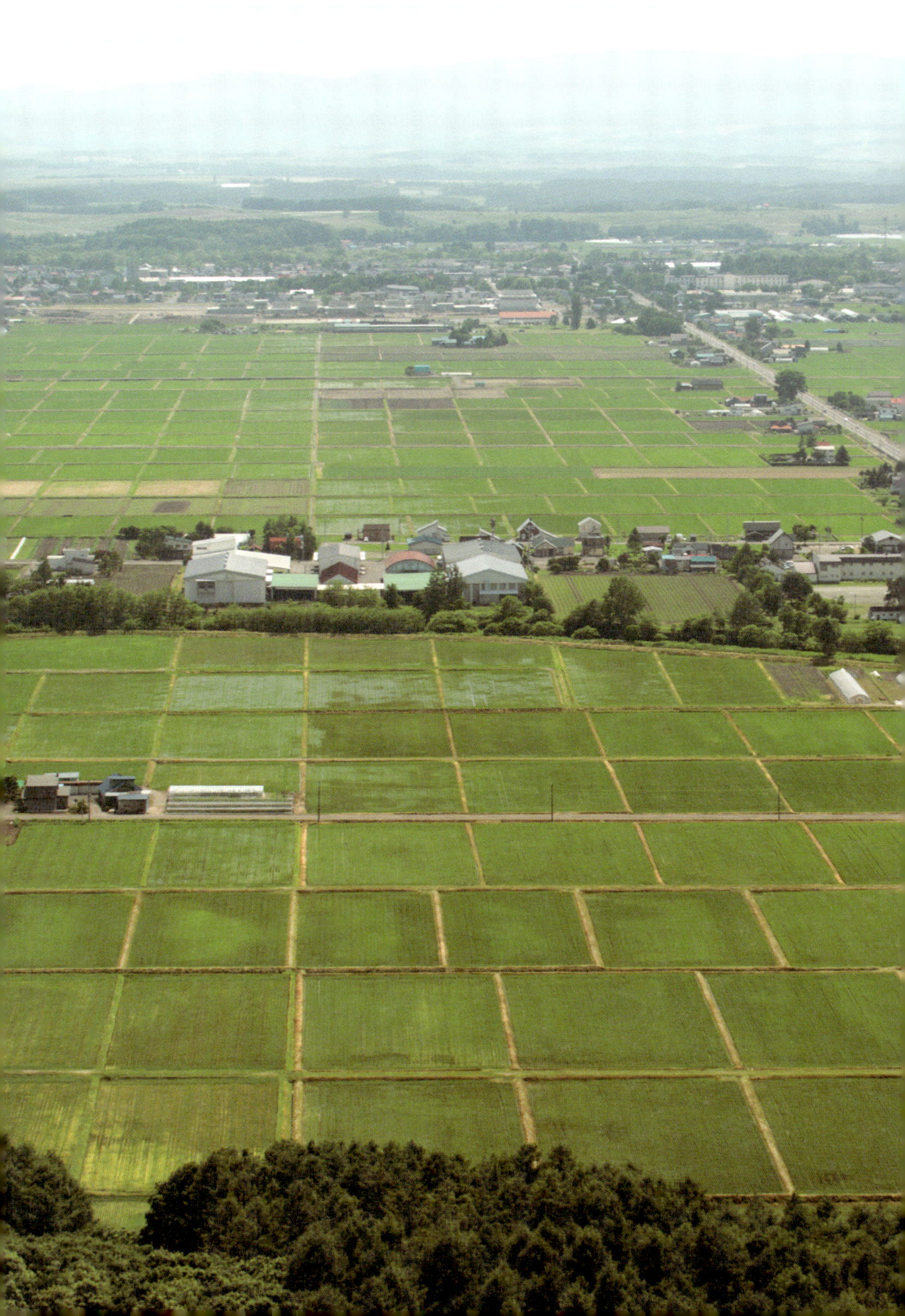

02

Public & Commons

共感と共創が育てる"らしさ"
―自分ごと・みんなごと・世の中ごとの好循環―

東川では、個人や団体が「自分ごと」として
自発的に活動するのみならず、
自分ごと・みんなごと・世の中ごとの好循環が生まれ、
地域全体で「みんなのPublic」が共創され続けている。
後半は、東川らしさを形成してきた
まちづくりの実践を紹介する。

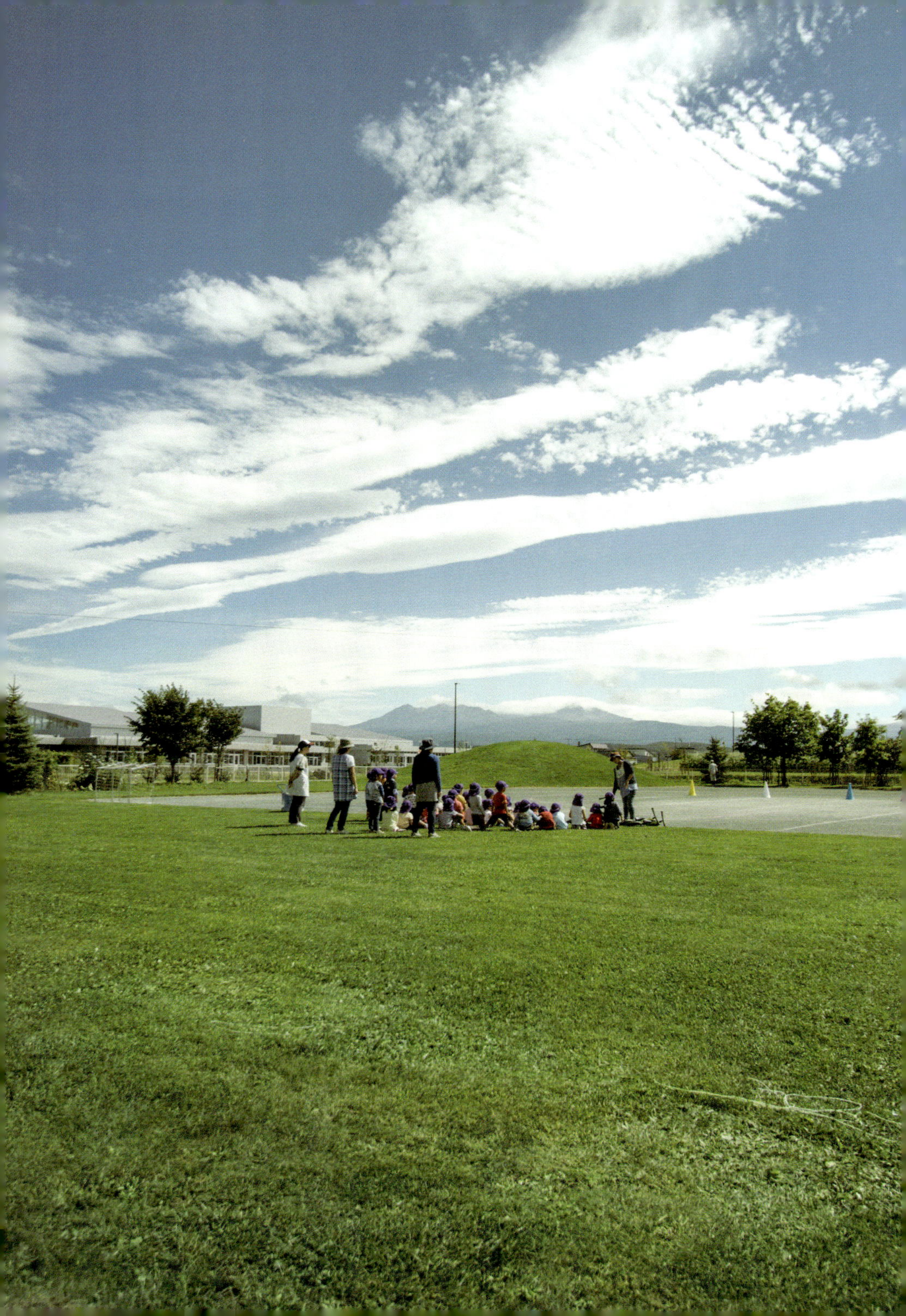

Public & Commons　共感と共創が育てる"らしさ" − 自分ごと・みんなごと・世の中ごとの好循環 −

Standard 21　「営業する公務員」が本気の役場を育てる
Standard 22　時間軸の長い「文化のまちづくり」は住民の"みんなごと"を育てる
Standard 23　脱公務員発想「3つの"ない"はない」がチャレンジを当たり前にする
Standard 24　組織・職員の変化でユニークな施策や事業を連発する
Standard 25　豊かな暮らし方をデザインするための条例・制度をつくる
Standard 26　「役場の風土改革」が徹底的に考え・動く職員を支える
Standard 27　住民みんなで住む家を風景にする
Standard 28　まちの仕組みで子育て・子育ちの安心を追求する
Standard 29　本気の国際化戦略で交流を増やし定住を支える
Standard 30　住居を構えてなくとも「まちの一員」に
Standard 31　「投資の回収から考える政策」で新機軸を創り出す
Standard 32　「まちづくりから考える商業」が地域の活力を生み出す
Standard 33　まちの真ん中に「地域商店の共有地」をつくる
Standard 34　共有価値づくりで企業を誘致する
Standard 35　農芸家のこだわりが豊かな食と文化を生む
Standard 36　クラフトの「プロの感性」がホンモノを追究する風土を育てる
Standard 37　地域の経済循環と誇りを高める工夫を加える
Standard 38　自然を愛する人の活動がコミュニティと地域を豊かにする
Standard 39　学校での協働が豊かな社会を育む
Standard 40　地域で影響し合って「自分たちのスタイル」が生まれ続ける

Public & Commons / Introduction

　「写真の町」事業がスタートした当時の責任者は、「文化で町おこしをするなら、住民から最低でも20年の担保を取るべき」と語る。そして30年を経て、「まちを構成するのは人であり、写真を介して人と人が出会い、つながりを広げていくことで、東川に人が集まるようになった」と振り返る。

　東川町が「写真の町宣言」をした1985年。この年、日本社会はプラザ合意を受けて急速な円高が進行した。翌年から始まるバブル景気への前夜だった。83年に開業した東京ディズニーランドが契機となり、国民の余暇に対する意識が向上。北海道でも「北の国から」の放送がスタートし富良野が注目を集め、トマムリゾートなどの大型スキーリゾートが相次ぎ開業する。また、東京一極集中が進むなかで、地方では、一村一品運動が話題となり、さらには外国村などの大型レジャー施設が開設されるなど、バブル景気を背景とした大型投資が数多く行われた。

　日本が高度消費社会のピークを迎えた状況下で、当時の中川音治町長は全町民が関われる「文化的なまちづくり」を志向する。そして、札幌の企画会社から「写真の町構想」の提案があり、「写真の町」を宣言。「東川町国際写真フェスティバル」をスタートさせた。町民からは、多額の費用がかかるこのイ

ベントに対し反対意見もあったとのことだが、紆余曲折を経ながら30年以上継続してきた。その年月の間には、写真に関わることはもとより、それ以外にも、さまざまな領域で持続的な試行錯誤が行われてきた。その結果として、他に類のない「東川らしさ」が創出される。「偶然の産物」かもしれない。しかし、偶然は、ある時点で必然となり、「東川らしさ」という共通の価値が醸成されていく。
「写真の町」という前例も形もないことへの挑戦や、生活価値や定住を支える地域づくりへの挑戦は、役場の職員にも変化をもたらす。

　役場の職員は、国際写真フェスティバルを開催するため、町内外の各種団体との調整、審査員のメンバー委嘱や審査会開催、協賛企業へのセールス活動など未経験な業務に取り組む。写真には縁もゆかりもない北海道のまちの挑戦は、本気度が問われる。「写真を使った金儲け」との誤解を受けることもあった。個々の職員が尽力し、さまざまな組織や人と出会い、継続的に国際的なイベントを開催していった。一流の写真家や専門家、企業関係者などとは、本気のやりとりが求められる。そのプロセスのなかで、東川町役場は、ビジネスマインドあふれる場となり、フロンティア精神を尊ぶ組織風土が形成されることとなった。

1991年に実施したまちづくりに関する住民アンケートの結果として、「フェスティバルは町民参加型であるべき」と回答した人が多く、「写真の町」事業の見直し議論が高まる。その結果、フォトフェスタ実行委員会を解散し、「写真の町実行委員会」と改め、役場内に「写真の町推進室」を設置。また、「写真の町実行委員会」に事業の企画立案から事業運営までを行う「企画委員会」が設けられるなど、まちづくりを目的としたイベント開催と位置づける。

写真甲子園では、高校生と住民の交流が生まれる。被写体となる風景や暮らしへの意識も醸成されたという

そして、1994年から「写真甲子園」がスタート。予選を経て本戦に出場する高校生が、町の風景、暮らし、町民を被写体として作品を撮り競う大会で、若い感性が写真撮影という行為を通じて、まちの魅力や価値を毎年提示することとなる。写真の被写体となるまちや風景、暮らしを見つめ直すことも徐々に進んでいった。

　一方で、平成の市町村合併という自治体経営における大きな選択が迫られるなか、2003年、現在の松岡市郎町長が選出され、他市町村との合併ではなく独自路線を選択する方針を出す。それを受けて町の職員によるさまざまな施策も打ち出されていく。

　行政の活動は、企業やビジネスの活動ではできないことを行うため、税金を集め、予算を編成する。一般的に、予算ありきで考える傾向が出やすく、前例を確認し、横並びになりがちでもある。

　だが、東川町役場では、一般的に言われている役所の常識「①予算がない」「②前例がない」「③他でやってない」ことはできない、という発想をあえて否定している。「前例がなく、他の市町村でやっていない」からこそ取り組む意味がある。「予算がない」からあきらめるのでなく、やるべきことであれば、国の補助金、公益法人からの助成、企業からの協賛・寄付、そして株主制度など新たな制度の創出を通じて財源を確保し実現する。東川では「国の補助があ

るから」「他でやっているから」で考えるのではなく、まずは、職員が徹底的に議論し、自らやるべきことを考え、そこから必要な財源や学ぶべき事例を探してくる。首尾一貫、そういった発想で役場が動くことを求めることで、職員の行動変革を生み、さまざまな新機軸を実現していった。

　2012年4月、道の駅「道草館」の隣地に「モンベル大雪ひがしかわ店」がオープン。この頃に、個性的なカフェ、レストラン、ベーカリー、セレクトショップも相次いで開業する。国内の地方都市の多くが人口の減少、商店街の衰退、地域経済の疲弊という問題を抱えるなかで、東川町は着実に変化し続けている。

　ある町役場の職員が「役場が事業を行うのではなく、まちの方々、コミュニティが自律的に事業を行うための環境づくりを行っています」と語っていた。

　「Public（公＝おおやけ）」というと、日本では、役場や役所といった組織の活動をイメージしやすい。しかし、本質的には、Publicは「みんなごと」であり、「世の中ごと」である。確かに役場はPublicの重要な担い手ではあるが、Publicを成り立たせるには役場だけでは無理がある。個々の住民や職員、団体や組織による、自発的な「自分ごと」を基盤に、「みんなのPublic」がどうやって育っていくかが大切である。時代の変化に対応し、よりよいPublicを実現するには、役場や職員の意識と行動の変化は必須であるが、個々の活動

02 | Public & Commons

```
        自分ごと
       ↙     ↘
  みんなごと ⟷ 世の中ごと
```

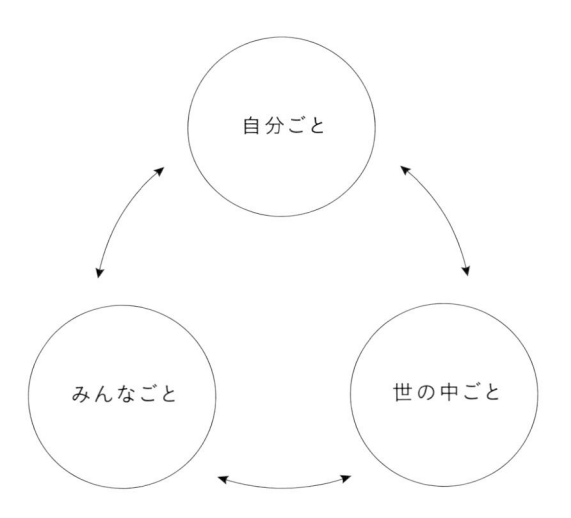

や、幾重にもつながる住民の「つながりのネットワーク」の変容も求められる。

　東川は、昔から、4つの小学校地区を拠点としたコミュニティ活動が活発な土地柄である。そのうえに、役場、商工会、農協などをきっかけに、町民が関わるさまざまな活動が活発化するなかで、人と人が出会い、つながりのネットワークが広がっていき、東川に新たな人びとも集まるようになった。その結果、従来の地縁コミュニティ（商工会、農協、少年団、婦人会など）の活

動が活発化し、さらにはライフスタイルでつながるコミュニティ（アウトドア、「写真の町」をきっかけとしたつながりなど）も充実していく。そして、それぞれのコミュニティが、地域全体で育ててきた「東川らしさ」という「コモンズ（Commons）[※]＝共有資源」に関わりながら、それぞれが大切と思うことに取り組み、その活動で生み出された成果が連鎖し、新たな価値を創出するという好循環が生まれている。

東川町は2014年に「写真文化首都」を宣言。ユニークな国際戦略を展開する

コミュニティには行政やビジネスにはないチカラがある。コミュニティのチカラが機能すると、健康・教育・スポーツ・まちづくりなど生活に密着した分野において、高い成果を効果的に実現する可能性がある。コミュニティのチカラを機能させることは、行政に委ねるか、市場（ビジネス）に任せるかに加わる、第三の選択肢である。

　コミュニティのメンバー間の日常的な活動が活発に行われることで、よりよい社会を実現する際の生産性を高めることのできるソーシャル・キャピタルが醸成すると言われている。そして、ソーシャル・キャピタルが醸成されていくと、自発的な協力関係や、相互の信頼、互酬性の規範（お互いさま）といった、よい方向に協力し合うことが促進されていく。現在の東川町では、その循環が持続的に続いてきている。

　本章では、自分ごと・みんなごと・世の中ごとの好循環を創り出し、東川らしい「Public & Commons」を構築してきた実践者の活動やこだわり、共感と共創の実践などの紹介を通じて、人口8000人のまちが共創してきたスタイルを概観し、未来社会の価値基準（スタンダード）を検討していく。

※Commons（コモンズ）：本来、私有地や公有地と対比したときの「共有地」を指し、関係者が共同で利用・管理する「共有資源（資産、空間、社会関係など）」を意味している。さまざまな研究では、単に「資源」を共有するだけではなく、資源共有を持続的に成り立たせるために「役割（ロール）」「規範（ルール）」「仕組み（ツール）」も共有していることもコモンズの特徴とされている。

STANDARD 21
「営業する公務員」が本気の役場を育てる

フロンティアスピリットに火をつけた「写真の町」宣言

　東川の多様な人びとの営みは、なぜ生まれたのか。町民のなかに、独自性を追求し、新しいことに本気で挑戦する精神が芽生えたのは、「写真の町」の影響が大きいと考えられる。

　今からおよそ30年前、1985年6月に東川町は「写真の町宣言」を発表した。"文化"によるまちづくりの幕開けだった。

　翌年3月には、「写真の町条例」が制定され、写真映りのよいまちづくりが制度化された（P80）。法的拘束力のない宣言に留まらず、条例化したことで、まちづくりの基本となる方針を町自らが定めたと言える。条例の内容は、景観や生活、諸施設の整備、他の都市との交流促進など、まちづくりに関する事柄が"写真"という観点から定められている。

30年前にまかれた、「写真の町」という文化の種

　「写真の町」という企画は、札幌にある企画会社による提案だった。経済的な目的としては、減少していた観光客数を増やし観光産業を活性化させること。旭岳の麓の、のどかな田園風景が広がるロケーションを

写真の町宣言

「自然」と「人」、「人」と「文化」、「人」と「人」それぞれの出会いの中に感動が生まれます。
そのとき、それぞれの迫間に風のようにカメラがあるなら、
人は、その出会いを永遠に手中にし、幾多の人々に感動を与え、分かちあうことができるのです。
そして、「出会い」と「写真」が結実するとき、人間を謳い、自然を讃える感動の物語がはじまり、
誰もが、言葉を超越した詩人やコミュニケーションの名手に生まれかわるのです。
東川町に住むわたくしたちは、その素晴らしい感動をかたちづくるために
四季折々に別世界を創造し植物や動物たちが息づく、
雄大な自然環境と、風光明媚な景観を未来永劫に保ち、先人たちから受け継ぎ、共に培った、
美しい風土と、豊かな心をさらに育み、この恵まれた大地に、
世界の人々に開かれた町、心のこもった"写真映りのよい"町の創造をめざします。
そして、今、ここに、世界に向け、東川町「写真の町」誕生を宣言します。
1985年6月1日 北海道上川郡東川町

活かしてのシティ・ブランディングだった。一村一品運動が話題となり、多くの地方自治体が特産品でまちおこしをしようとしていた当時、東川の挑戦は異例だった。
「写真の町」の軸は、宣言以来続く「写真の町東川賞(東川賞)」だ。国内外の写真家を対象に、学芸員やギャラリストなど専門家によってノミネートされた作品を、各分野で活躍する文化人が審査する。国内だけでなく海外の写真家も対象とする賞は、日本で初めての試みでもあった。
受賞者の作品は、町内にあるアート施設「東川町文化ギャラリー」に収蔵され、授賞式は「東川町国際写真フェスティバル」にて行われる。
今でこそ「写真の町」は東川のキャッチフレーズとして定着したが、その道のりは順風満帆ではなかった。役場の職員を含め、当時の町民の多くは事業に対して懐疑的だったという。理由のひとつに、東川に写真文化に精通している者がほとんどいなかったことが挙げられる。東川賞に選ばれる作品の価値がいまいちわからないため、

左ページ:「写真の町」宣言式の様子。1985年に町は「写真の町」を宣言し、そこから文化のまちづくりが始まった。宣言文は、右ページ参照

写真の町に関する条例 推進事項 第2条
（1）写真の町東川賞（以下「東川賞」という。）の授賞に関すること。
（2）東川町国際写真フェスティバルに関すること。
（3）写真映りのよい風景・生活づくりの奨励、推進に関すること。
（4）写真を活用した地域づくりの推進に関すること。
（5）写真の町と言われるにふさわしい諸施設の整備に関すること。
（6）国内及び国外の都市との交流推進に関すること。
（7）その他、写真の町に関し必要と思われる事項の推進に関すること。

参加しにくい。また、「写真の町」の定義も抽象的で、何のための事業なのか多くの人が理解しかねた。「ただ観光客がカメラを持ち歩いていればよいのか」といった批判もあった。歴史が浅い小さなまちで、目には見えない"文化"でまちづくりをする難しさが、浮き彫りになった。

役場の職員が
東京で"営業"に奔走

「写真の町」事業の担当職員たちは、企画の核となる東川フォトフェスタを開催するため、町内外の各種団体との調整、審査員の委嘱や審査会開催、協賛企業へのセールス活動など、今まで経験したことのない業務に手探りで取り組んだ。東京へも幾度となく出張したものの、歓迎してくれるところは少なかった。大方の予想は、「1〜2年で失敗に終わるだろう」という、冷ややかなものだった。

職員が特に苦労したのが、協賛金の依頼だ。カメラメーカーをはじめ民間企業や写真関連団体を訪問し、協力を請う。交渉はいつも東川町が北海道のどこにあるか説明するところから始めざるを得なかった。初めて知る、どこにあるのかさえわからない町を相手にしてくれるところは、当然少なかった。

断られても、職員たちはあの手この手で営業を続けた。すると、なかには「心が打たれた」と数十万円を協賛してくれる大企業の役員も出てきた。交渉の技術も磨かれていき、とあるスポンサーから「3年間協賛の資金を提供する」と言われたときは、「イベントを継続させるために10年間提供してほしい」と切り返し、実際に協賛を得ることに成功したこともあった。目下の資金源を得ることさえ大変なときも、職員たちはまちの未来を見据えていた。

東川町フォトフェスタは、大方の予想を裏切り5年、10年と続き、回数を重ねるご

02 | Public & Commons

とに周囲の見る目も変わっていった。粘り強く歩き回った営業のかいもあり、協力者は次第に増え、現在、東川フォトフェスタの後援、協賛にはそうそうたる大企業やメディアが名を連ねている。

　現在に至るなかで、1991年の町長選で当選した町長は、「写真の町」事業を廃止する政策をかかげていた。だが、役場の職員がこれまで関係を築いてきた企業や組織の人びとば「写真の町」の存続を望み、政策に反対したという。この頃には東川フォトフェスタは民間企業や組織を巻き込んだ一大イベントへと発展しており、東川が写真文化に貢献する存在として内外で認められていたからだ。結果的に、事業の廃止は見送られた。

　こうした一連のプロセスを含む東川フォトフェスタの開催によって、町役場の職員は必然的にさまざまな組織、人と出会い関わるようになった。それが刺激となり、役場はビジネスマインドあふれる場となっていった。

　一筋縄ではいかなかった「写真の町」の初期を支えたのは、当時の担当職員たちの本気のフロンティア精神であり、公務員にも関わらず行った"営業活動"だったと言えるだろう。現在の役場にも、こうした精神を尊ぶ組織風土がある。

東川町国際写真フェスティバルの一コマ。写真家などを講師にワークショップが開催される

STANDARD 22
時間軸の長い「文化のまちづくり」は
住民の"みんなごと"を育てる

高校生とまちのみんなでつくった「写真甲子園」

　まちづくりは行政だけでできるものではない。行政主導で始まった「写真の町」事業を、町民が他人ごとではなく「自分ごと」として好意的に受け入れるようになったきっかけは、「写真甲子園(全国高等学校写真選手権大会)」だった。

　写真甲子園は、東川フォトフェスタに先駆けて開催される、全国の高校の写真部や写真サークルを対象にした写真の大会。最初の作品応募を"初戦"とし、初戦を勝ち抜いた高校生たちがまちに集う大会を"本戦"として競い合う。1994年に始まり、2015年の初戦応募校数は514校。本戦に進んだ18校は全国一を目指す。本戦では、大会前後を含め6泊7日にわたり出場者が東川の宿泊施設に滞在。ファースト、セカンド、ファイナルそれぞれのステージで出題されるテーマに沿って、まちの風景をフレームに納める。

町民の意識を変えた「写真甲子園」

　写真甲子園の大会期間中はカメラを抱えた高校生たちが町の至るところに現れ、景色だけではなく町民たちにもカメラを向ける。当初は「写真の町」に懐疑的だった

住民も、こうなると、遠巻きに見ているだけではいられない。被写体になることを意識するようになる。東川在住のとある主婦は「この日はいつもより念入りに化粧をします」と照れながら笑う。また、町内の環境美化に対する意識も高まる。

　さらに、開会式ではまちの幼稚園児が高校生を出迎え、小学生がスクールバンドの演奏を披露。期間中は町内団体の女性部などから成るボランティアスタッフが、選手たちの食事を用意する。ホストファミリーの自宅でホームステイを実施し、大会に出場する高校生は一部期間を宿泊施設ではなく民家に滞在する。こうした取り組みによって町民と高校生たちとの間に交流が生まれた。大会終了後も親しくなった生徒と手紙のやりとりをしている町民も少なくない。町民にとって、普段出会う機会のない全国の高校生たちは、清々しい刺激をくれる存在。高校生たちにとっても、東川での経験が貴重な青春の一幕となる。

　写真甲子園が開始されてから、「写真の町」事業は一部の役場職員が運営する敷居

左ページ：「写真甲子園」出場選手たちの記念の集合写真　右ページ：町内で写真撮影をする選手たち。まちのあちらこちらで住民との交流も生まる

の高いものではなく、誰もが参加できるものになった。町民にも当事者意識が芽生え、事業が「みんなごと」となる好循環が生まれていった。

2005年、「写真の町」を企画し、まちと二人三脚でイベントを運営してきた企画会社が倒産してしまう。東川フォトフェスタや写真甲子園がようやく軌道にのってきたときだった。まちは事業の運営すべてを自ら担うことにした。すでに理解の深まっていた「写真の町」事業とイベントは自立後も順調に規模を拡大していった。

現在、東川フォトフェスタの期間は約1カ月。町内の各所で写真が展示され、メイン会期の6日間には、写真甲子園の本戦大会が開催される。さらに後半の2日間は地元の祭り「東川どんとこい祭り」が同時開催され、まちは大いに賑わう。2015年は累計3万8000人集客したという。

<u>写真文化を通じて、世界各国と交流する</u>

2013年には、東川の子どもたちが気軽に写真に親しめるようにと、「写真少年団※」が設立された。2014年3月、東川は「写真文化首都」を宣言。役場の外壁には大きく「写真文化首都　写真の町・東川町」という言葉が掲げられている。また、2015年には「高校生国際交流写真フェスティバル」もスタート。アジア各国、カナダ、オーストラリアなど、まちと交流のある国の高校生を対象にした写真の祭典で、国際交流を積極的に進めている。

30年前、「写真の町宣言」とともにまかれた文化の種は、「世の中ごと」となり、世界に向けた新たなステージに一歩踏み出している。

長年「写真の町」を続けてきたことで、役場の職員は、世界的に活躍する写真家や大企業の役員などと交流を深めた。（ある町民の指摘であるが）一流とされる人びとの立ち居振る舞いやものの考え方、働き方などに触れるうちに、自然と"品"が身についたという。

写真甲子園の賞のなかには、「町民が選ぶ特別賞」という賞があり、2015年の大会では、町民が選んだ写真と審査員が選んだ写真が同じだった。長い月日のあいだに、写真を見る目が町民にも養われたようだ。東川に移住してきた人びとが、役場や町民のオープンな態度に、住みやすさを実感しているのも、「写真の町」を続けてきたことが起因していると考えられる。

東川が最初から移住者を惹きつける特別なまちだったわけではない。前例も形もない「写真の町」という文化によるまちづくりへの挑戦が、町民や役場職員の意識と行動の変革をもたらした。それが時間の経過とともに東川の風土となり、写真というジャンルを超えた、さまざまな波及効果を生み出している。

※写真少年団：月2回、一眼レフカメラを持って撮影に出かけるなど、東川の子どもたちが写真に親しむための活動を行う。

COLUMN
写真甲子園が生み出すつながりの物語

　東川フォトフェスタで、写真の町東川賞を受賞した写真が収蔵されている「東川町文化ギャラリー」では、写真甲子園の作品の展示や、随時企画展を開催。アートに親しむ場として、町内外から人が訪れている。ここで、かつて写真甲子園の本戦に出場した選手が働いている。

　吉里演子（ひろこ）さんが写真甲子園に出場したのは2005年。大阪から初めて東川にやってきたとき、大会自体もさることながら、町民との交流が心に残った。その後、大学へ進学し写真を学びながら、写真甲子園にOGボランティアとして参加した。大学の卒業制作も東川を舞台に選び制作に取り組んだ。写真甲子園で知り合った町民が、東川へ行くたびに家族のように泊まらせてくれた。

　進路に迷ったときに「こんなに東川が好きなら、移住するしかない」と吉里さんは決心。その頃にはすっかり親しくなっていた東川の人びとに相談したところ、役場の臨時職員として働けることに。移住して役場に通う傍ら、吉里さんは旭川市の予備校に通って受験勉強をし、翌年に晴れてまちの正規職員となった。

　現在の吉里さんの仕事内容は、写真展の会場づくり、イベントの企画・運営など。写真甲子園にも今度は主催者側として関わり、東川の職員らしく楽しそうに働いている。オフの日は、「写真少年団」での講師も務める。吉里さんにとって、東川との出会いは人生のターニングポイント。写真甲子園が生み出すつながりが、高校生たちのその後にも影響を与えている。

INTERVIEW

文化で町おこしをするなら、住民から20年の担保をとるべき

Professional
写真家

Private　　　Public
企業　　　　行政

山森敏晴氏(東川振興公社取締役顧問)

東川振興公社取締役顧問の山森敏晴氏は、かつて役場の職員として「写真の町」事業の牽引役を担ったひとり。「涙なしには語れない」という紆余曲折の歴史を聞いた。

——「写真の町」事業の企画は、なぜ採用されたのでしょうか?

東川の経済は、農業に続き観光業が2つ目の柱です。しかし、当時は観光客がどんどん減っていて、対策しなければいけなかった。映画やテレビに出る、旭岳温泉にロックバンドを呼ぶという案もありましたが、どれも一過性で観光客はゴミだけ置いて去ってしまう。その点、カメラなら誰でも持っているし、風光明媚な写真を撮るためにリピートしてくれるのではないかということから「写真の町」が浮上したと思います。

—— 実際に事業を始めて、いかがでしたか?

「写真の町宣言」から24年間携わりましたが、文化的な活動は理解されにくいということを痛感しました。文化というのは心の価値観であって、経済ではありません。文化よりも明日食べるご飯、というのが小さなまちの率直な実情です。「イベントに何千万円もかけるより、福祉やインフラをどうにかしてほしい」といった声が上がるのは当然のことです。

今だって町民全員が賛成しているわけではありません。そもそも文化に関する事業で100％賛成ということはありえません。

—— 東京出張ではかなり苦労をされたそうですね。

営業まわりでは、受付で門前払いされないように、わざと雨にぬれて背広からポタポタ雫をたらしながら訪問したこともありました。作戦どおり、受付嬢が不憫に思って中に通してくれましたよ(笑)。「田舎町が何を言っている」と相手にされず、「写真で金儲けをしようというのか」と反感をかったこ

ともありました。20年くらい続けてやっと認められてきました。

東京に通い続けて得た最大の財産は、人との出会いです。文化人や大手企業の役員など、一流の人の考え方に触れると、やはり刺激を受けます。例えば、霞ヶ関のキャリアがまちづくりについてアドバイスをくれたりする。そのアドバイスが、今に生かされているんです。

普通の行政マンは、民間に頭を下げられることはあっても、自分たちが下げることはあまりないでしょう。その点、東川の行政マンは違います。ここでは、役場は最大のサービス産業ですから。

―――「写真甲子園」のアイデアはどこから生まれたのですか？

東川フォトフェスタの第10回目のとき、とあるカメラ雑誌が高校生を対象に写真のワークショップを開催していたんです。そのとき、高校生たちが非常におもしろがっていたことがヒントになりました。

東川町、メインのスポンサーであるキヤノン、第一回目から審査委員長を務めている写真家の立木義浩先生。このトライアングルがあるから、写真甲子園を続けられているのだと思います。行政は全国の高等学校が参加しやすい環境をつくる。民間企業は機材の貸し出しを含めた援助を行う。先生は写真を通して生徒たちに学ぶ心を解りやすく説明する。どれが欠けても写真甲子園は成立しません。

―――文化でまちおこしというのは簡単ではなかったと思います。

僕は常々「文化でまちおこしをするなら、住民から最低でも20年の担保をとるべき」と言っています。文化の事業には時間がかかる。それを待てるかどうか。僕も何度もくじけそうになりましたが、情熱を傾け続けていればきっと理解されるはずだと信じていました。

まちというのは、人です。写真を介して人と人が出会い、つながりが広がっていくとともに、協力者が増えていきました。あれから30年経った今、東川に自然と人が集まるようになり、町民が独自にさまざまな物事を進めている。まだ成功したとは言えませんが、やっと結果が出つつあるように感じています。

STANDARD 23

脱公務員発想「3つの"ない"はない」が
チャレンジを当たり前にする

多様な主体が公共を担う

　東川への移住者たちが口を揃えて言うのが、「役場の人が親切」ということ。移住に関して担当者が親身になって相談に乗り、サポートしてくれることに、みな「役場の職員らしくない」と驚く。

　「役場の仕事はサービス業」と、東川町役場は住民に寄り添う公共サービスを追求し、独自の施策や事業を実施。全国的にも画期的な制度をつくってきた。近年も「新・婚姻届」や「君の椅子」など特色ある施策をいくつも打ち出している。

　2003年、役場の職員として行政サービスを担ってきた松岡市郎氏が町長に就任。役場の慣習を熟知する松岡町長は、マイナス要素をプラスに転換する発想で、組織構造や、職員の意識や行動の改革に着手した。町民が誇りを持てる行政をめざした取り組みが推進された。

　東川町役場には「3つの"ない"はない」という指針がある。

1) 予算がない
2) 前例がない
3) 他でやってない

　この3つの「ない」を言ってはいけないとし

東川町役場が掲げる
「3つの"ない"はない」

1 ― 予算がない
2 ― 前例がない
3 ― 他でやってない

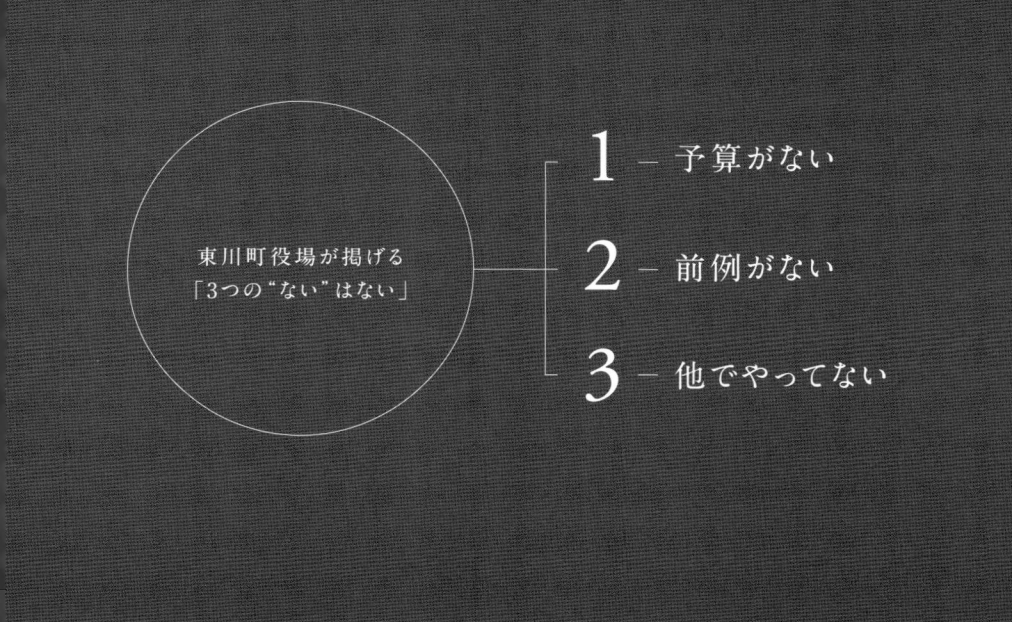

ているのが東川町役場である。通常の行政では、この3つの「ない」を何かを行わない理由としがちであり、住民や関係者の不満を生む原因でもあった。

町民が誇りを持てる行政をつくる

この発想の切り替えは、役場の職員の主体性を引き出すとともに、多様な主体がまちのことを「自分ごと」として捉え、それぞれの観点から公共的な役割を担うようになっていく、ひとつのきっかけともなった。

東川では、「国の補助があるから」「他でやっているから」で考えるのではなく、まずは、役場の職員が徹底的に議論し、自らやるべきことを考え、そこから、必要な財源や学ぶべく事例を探してくる。

また、住民や関係者が自主的に何かを行おうとするとき、役場はその意欲を尊重し、制度を利用して積極的に側面支援をしようとする。その結果として、チャレンジをし続ける職員の風土を醸成し、さまざまな特色ある施策を生み出している。

左ページ：東川町役場。「予算がない」「前例がない」「他でやってない」の3つの"ない"は言ってはいけないということが不文律になっている

STANDARD 24

組織・職員の変化で
ユニークな施策や事業を連発する

共感の連鎖を生んだ6つの取り組み

東川町役場から生まれたユニークな施策や事業。
地域を超えて、話題を呼んだ取り組みを紹介

01.

新・婚姻届／新・出生届

通常は役場に提出するだけで終わる届出書類。しかし結ばれた2人にとって、大切な瞬間の記憶を留めているもの。カタチとして残す方法はないか。そんな発想から生まれた記念品のサービス。婚姻届の複写をフォルダーに入れて渡す。2005年10月に開始。同年11月に出生届もスタートした。

02.

君の椅子

子どもに居場所を贈りたい。そんな想いで2006年に旭川大学とのコラボレーションで始まった事業。東川町で生まれた子どもには、誕生日と名前が刻印され、プレゼントされる。趣旨に賛同する著名デザイナーのデザインをもとに、町内の家具職人が制作。現在、取り組みは6町村に広がっている。

03
米缶

JAや農家とコラボレーションして生まれた、「東川米」ブランドづくりのための企画。予算ゼロからスタートしたが、選挙の投票所で配る啓発用の配布物として予算化し実現。その後、商品化されるとまたたくまにヒットし、販売開始から8カ月で、7万4000缶が売れた。

04
「写真の町」ひがしかわ株主制度

町外に住む人が東川と関わるきっかけをつくるためにスタート。「ふるさと納税」の仕組みを活かしているが、「株主」という喩えでまちに関わってもらい、応援したい事業に投資してもらう。2015年12月現在、株主=特別町民は5929人、約1.9億円が投資されている（P108）。

05
『チビスロウ「写真の町」東川町』

北海道のライフスタイル誌『スロウ』とコラボレーションした小冊子。「東川町をもっと楽しく、もっとおいしく体験してもらう」をコンセプトに、カフェやギャラリー、イベント、事業などを紹介。2011年から2013年にかけて毎年1号制作され、道内の各書店にて販売した。

06
ひがしかわワイン

1992年に果樹の育成振興と土地の有効活用のために、北海道ワインから萌木を無償で譲り受けて、栽培研究を開始。2013年の東川産ブドウを100%使用した「Kitoushi2013」を2014年12月に発売した。通信販売や町外への出荷はしておらず、東川でしか飲めない。

STANDARD 25

豊かな暮らし方をデザインするための条例・制度をつくる

共感の連鎖が人の流れをつくる

年	人口
94	7,066
95	7,111
96	7,187
97	7,326
98	7,408
99	7,482
00	7,588
01	7,535
02	7,567
03	7,551
04	7,621
05	7,694
06	7,725
07	7,737
08	7,818
09	7,815
10	7,863
11	7,912
12	7,901
13	7,948
14	7,994
15	8,105

※東川町の人口動態調査（12月時点）をもとに作成（人口／年度）

　その地域に人が集まり、定住するよう働きかけるのが地方行政のひとつのミッションだ。東川らしい豊かな暮らしを実現するために、役場ではさまざま条例・制度をつくってきた。人口減少にも対策を講じ、移住や子育て、暮らしをサポートする定住促進事業に力を入れている。

　東川の人口推移は、1950年の1万754人をピークに減少傾向が続き、1993年度には7000人を切った。そこから持ち直し、2015年12月現在、8105人。20年強で約1100人（14％）増えている。移住希望者は世代を問わず、現在は物件が足りていない状態だ。

　行政が掲げる目標は人口8000人の維持だ。まちの適正規模として、"過疎"ならぬ"適疎"を目指す。「いじゅうは、じゆう。」キャンペーンを実施するなど、町のPRにも余念がない。

　2003年以降は飲食店、パン屋、雑貨店などの開店が増えたが、彼らの多くがまちの「起業化支援制度」を利用している。まちが積極的にサポートすることで、移住に伴う不安も軽減される。その他も移住・定住者の暮らしを支えるまちの補助事業は数多くある。

東川町の移住・定住を促す仕組み

多様なコンセプトを持つ分譲地

東川町土地開発公社が、多様なコンセプトを
持つ分譲地を供給している。

- 2004年度　イーストタウン40区画
- 2006年度　グリーンヴィレッジ第1期33区画
- 2008年度　グリーンヴィレッジ第2期19区画、
　　　　　　新栄団地第4次25区画
- 2011年度　ガーデンコート・キトウシ18区画
- 2012年度　友遊団地16区画、
　　　　　　グリーンヴィレッジ第3期35区画

東川の暮らしを体験できる宿泊施設

宿泊施設では、ショートステイを通じて
東川の暮らしを体験できる。

- 長期滞在型宿泊施設「大雪遊水ハウス」
- 短期滞在型宿泊施設「ケビン」
- 民間簡易宿泊施設

移住・定住の背中を押す補助事業

補助金によって、東川らしい暮らしや
住まいづくりをサポートする。

- 景観住宅建築支援事業（2006年〜）
- 新規起業者への支援事業（2003年〜）
- 民間賃貸住宅建築支援事業
  （2003〜2005年）（2013〜2014年）
- 東川町北方住宅建設推進事業補助金
  （2014年〜）※2015年から北住まいる建設推
  進事業補助金に変更
- 二世帯居住推進事業補助金
  （2014年〜）
- 薪ストーブ等設置補助金
  （2014年〜）

左：空からみた移住者向けの分譲地「グリーンヴィレッジ」
右上：長期滞在型宿泊施設「大雪遊水ハウス」　右下：長
期滞在型宿泊施設「ケビン」

STANDARD 26

「役場の風土改革」が徹底的に考え・動く職員を支える

Before Afterでみる、東川町役場の風土改革

徹底的に考え・動く公務員はこうして生まれた

01
人事異動が少ない
→ **人事異動が多い**

特定の職員にしか任せられない仕事を生み出さないように、また、前任者よりも良い仕事をすることを促すように、人事異動を頻繁に行う。一般的な役場は4〜5年くらいで異動があるが、東川町では2〜3年に一度。これが、常に向上心をもって業務に取り組む秘訣だという。

02
課の下には"係"
→ **課の下には"室"**

行政では各課の下には通常"係"があるが、東川の場合は、「産業振興課」の下に「商工観光振興室」や「農林振興室」など"室"がある。室長の業務は課長補佐と変わらないが、名刺に「室長」とあると対外的な交渉力が高まり、仕事にも誇りが持てるようになる。

03
他でやっていることをやる
→ **自らのこととしてやる**

「他でやっているから」ではなく、まずは、職員が徹底的に議論し、自らやるべきことは何かを考え抜いて、学ぶべく事例や専門家を探してくる。そのプロセスのなかで出会った本気で動く民間企業や、本質的な価値を追求する大学と連携し、成果を実現できる体制を構築する。

04
国の助成金から考える
→ **国から資金調達をする**

国の助成金ありきで、どう活用するかを考えるのがふつうの地方自治体。一方、東川では、自らやるべき政策を実現するために、国が持っている自治体を支援するメニューを研究し、どのようにして必要な資金や支援を調達するかを検討する。

05
役場で研修をする
→ **民間企業で研修をする**

通常の行政では、役場内や行政の研修機関で研修を行うが、東川町役場の職員は、民間企業で研修を行うことができる。希望者は、一定期間、企業で実際の業務を体験しながらOJT（オン・ザ・ジョブ・トレーニング）で実践的研修を受けることができる。

06 地域での顔は公務員
→ 地域での顔は多種多様

役場には、スキーや町技のバレーボール、剣道など、スポーツに長けた職員が多く、業務外の時間にスポーツ少年団の指導員として活躍している。東川の子どもにとって少年団は部活代わり。スポーツ以外にも、バンドマンや写真家という顔を持つ職員もいる。

07 仕事は仕事
→ 仕事は生活

前例のないことにチャレンジし続け、何もしないうちに「できない」と言わない職員たち。アグレッシブに働く者ほど仕事量は多く、残業や休日出勤もある。課長クラスの職員はみな、仕事をよい意味で仕事と捉えておらず、プライベートとパブリックが一体化した生活を送る。

08 自分でスケジュール管理
→ 全員でスケジュール共有

ビジネス向けのスケジュール管理ソフトを導入し、全職員がネット上でスケジュールを共有。打ち合わせや来客対応などが入ったときは、トピックを作成し出席可能な人が名前を書き込んでいく。他人のスケジュールにも予定を書き込めるため、効率的に仕事を振り分けられる。

09 町だけで完結する
→ 外からの刺激を取り入れる

町内だけでものごとを完結していては新しい展開は生まれにくいと、外からの刺激を積極的に取り入れている。職員が東京や海外に研修に行くことも多く、それをきっかけに新しい事業が生まれている。外部から提案される企画にも前向きで、来客者へのおもてなしも手厚い。

10 自分"が"
→ 自分"も"

たとえ自分が事業の指揮をとったとしても、「自分が成し遂げた」という我は出さない。特に公的事業は多くの協力者なしには実現できないことを心得ているため、東川にはひとりだけ目立つスーパー公務員なる者はいない。自分"が"ではなく、自分"も"やったと考える。

11 「東川町」と電話に出る
→ 「写真の町・東川町」と電話に出る

全職員が、「写真の町・東川町です」と町名に「写真の町」と枕詞をつけて電話に出ることで、電話をかけてきた人に「写真の町」を認識してもらうと同時に、職員たち自身の意識にも定着させる。コストがかからず簡単、かつ効果的な方法だ。

STANDARD 27
住民みんなで住む家を風景にする

景観づくりの担い手をつくるグリーンヴィレッジ

　2002年「美しい東川の風景を守り育てる条例」が制定された。これは、「写真の町条例」にあるように、東川を写真映りのよいまちにするための施策であり、住民一人ひとりがまち並みへの配慮をもって生活する指針となっている。2005年には「景観法」も施行され、"住む家を風景にする"取り組みは全国的に広がりつつある。

　そうしたなか、東川らしい住環境のモデルをつくろうと2006年に誕生したのが、分譲住宅地「グリーンヴィレッジ」だ。設計にあたってはランドスケープの専門家と建築家を招き、役場の担当者は世界文化遺産の景観を誇る白川郷でも研修を受けた。

　グリーンヴィレッジの入居希望者には、「東川風住宅設計指針」という小冊子が配られる。ページをめくると、まず出てくるのが建物のことではなく、庭の「植栽」についてであることが特徴的だ。「道路から見えやすい位置に2本以上の樹木を植えること」「道路境界から1m程度は緑地にすること」などと具体的に記されており、おすすめ樹種の紹介まで載っている。

　続いて、木材の利用、屋根の形・色、外壁の色といった外観の指針。さらに塀や囲いの制限やオイルタンクを隠す方法など、美

しい街並みを実現するために各世帯が取り組むべき細かい規定が並んでいる。

<u>あえてハードルの高い景観モデルをつくる</u>

暮らしのなかでこれらをすべてクリアするのは、ハードルが高いと感じる人もいそうだが、グリーンヴィレッジではあえてハードルを上げることで、コンセプトに本当に共感した人の移住を促している。

この景観づくりの担い手は、あくまで住民だ。冊子の最後には、「景観協定」について書かれている。これは、町内会や班などで話し合って地域の景観にまつわる協定を定め、町長に認定を求めることができるというものだ。

役場では、グリーンヴィレッジへの入居希望者には、こうした景観に関するルールについて、最低でも3回は直接本人に説明し、協定を結ぶ。時間がかかるが、そこまでの理解を得ないとグリーンヴィレッジの仕組みは機能しないと考えている。

グリーンヴィレッジに住む香川芳見さん（P54）は、それがグリーンヴィレッジのよさだと語る。

「グリーンヴィレッジは、地域づくりのコンセプトがあるところがとてもいいと思いました。建築に条例があったり、住人自ら共有スペースを管理したりすることに賛同できました」

グリーンヴィレッジには住人による自治組織があり、年に数回、植物の育て方や木

左ページ：東川の景観をつくる分譲地グリーンヴィレッジ　右ページ：住宅の間にある共有の遊歩道。住民が共同で管理することで、コミュニティを活性する

の剪定などの研修会が開かれる。1年ごとのもちまわりで「緑化委員」を決め、地域一丸となって緑のある気持ちのよい環境づくりをしている。住居の間に用意されている遊歩道の草刈りの片付けや、落ち葉拾いなどを住人が協力して行うため、交流が生まれ地域コミュニティが形成されていく。

現在グリーンヴィレッジは、子育て世代からシニア世代まで、75世帯が生活している。エリア内に入ると、公園や公共の道路に至るまで、住人たちの手入れが行き届いており、まさに東川風の景観が形成されている。

STANDARD 28

まちの仕組みで
子育て・子育ちの安心を追求する

生まれる前から切れ目のないサポート

　東川は子育ての魅力にあふれるまちだ。理由はなんといっても豊かな自然があること。きれいな空気と水、植物や生き物に触れられる環境で、子どもをのびのびと育てたいと考え移住してくる人も多い。

　子どもと過ごせる公共の場も充実しており、町内には、公園が20カ所ほど、子育てに関わる公共施設は10カ所ほどある。

　東川には、出産や子育てに関するさまざまな助成制度が用意されている。例えば、子どもが生まれる前は、通常の助成制度のほかに、「不妊治療助成」制度がある。健康保険が適用されない不妊治療を、まちが費用負担をする。対象となるのは6カ月以上まちに住み、妻が43歳未満で、第一子を望む夫婦（所得制限あり）。

　また、「子ども医療費助成」制度は、0歳から義務教育を終える15歳までの子どもにかかる保険適用の入通院代を全額助成する。このほかにも、子育て世代の負担を軽減するさまざまな制度が設けられており、子育てを応援している。

　出産して6カ月経過後から、東川町幼児センター「ももんがの家」の切れ目のない子育て支援が始まる。2002年にオープンした「ももんがの家」は、「子育て支援セン

ター」「幼稚園」「保育所」の3つの施設が、市街地にあるひとつの建物に集約されている。さらにそれらを統括する役場の「子ども未来課」も同居しており、事務処理などスムーズな連携を可能にしている。

最適な子育ち環境を追求した
「ももんがの家」

　子育て支援センターは、0〜3歳時の保育所に入所する前の子どもと、その母親の交流の場。月、火、水曜日の9時〜12時に施設の一部を開放し、母親の立ち会いのもと、保育士が子どもたちを遊ばせる。事前に申し込みをしなくても利用できるうえに、無料。夏期のプール遊びなど、保育園児、幼稚園児と一緒に遊ぶ日もあるので、子どもにとっては将来の入園に向けた準備にもなる。利用者からは、「近所に知り合いがいなくても、ここに来ればママ仲間ができる」「保育士の先生に子育ての相談ができて安心」などといった声がある。

　また、子育て支援センターでは、親が子育ての悩みを家庭で抱えこまないよう対策もしている。年に数回ストレッチやミニバレーなど、親のリフレッシュを目的にした託児つきの講座が開かれる。悩み事を抱えていそうな、保育士が心配だと感じる親には、電話をして家庭の様子を聞くこともある。育児ノイローゼやDVなど深刻な事態が予測される場合は、家庭訪問をすることもあるという。担当の保育士は、「子ども

左ページ：子育て支援センター、幼稚園、保育園の3つの機能を持つ「ももんがの家」　右ページ：子育て支援センターでは、保育士に気軽に育児相談ができる

はもちろん子育て中の親御さんたちが安心していられるように、できる限りの協力をしたい」と話す。まだ支援センターに来たことのない親には、乳児検診のときなどにさりげなく声がけをして、足を運びやすい雰囲気をつくっているという。

　子育て支援センターに通っていた子どものほとんどは、ももんがの家の幼稚園か保育所に入園する。2016年2月現在、園児は271名。随時入園の希望があるが、待機児童はゼロ。教室は年齢別に分けられており、幼稚園児と保育園児が一緒に過ごしている。親の就労形態などに合わせて幼稚園、

保育所を途中で切り替えることもできて、利便性が高い。

　もともと、東川には幼稚園と保育所が別々にあった。幼保一元化にあたっては旭川大学の教授をアドバイザーに迎え、幼稚園の先生と保育所の先生が合同で何度も勉強会を開き、教育保育過程編成にあたった。保護者会でも運営について話し合いが行われ、2年以上の時間を費やして、現在の体制がつくられた。

　建物にも工夫がされており、特筆すべきは食事スペース。目の前に調理室があり、4、5歳児は調理の様子を見ながら食事をする。ランチルームの窓からは、小学校の校門が見える。おやつの時間がちょうど小学校の下校時間にあたるので、園児が兄弟が下校している姿を見つけ手をふる場面もあるという。

まちの未来をつくるのは、
一人ひとりの子どもたち

　東川での特色ある教育を実現する、新しい小学校が設立された。現在の「東川小学校」は、北海道大学工学研究院都市デザイン学研究室の協力により基本計画が策定され、2014年10月に旧校舎から移転し利用開始となった。敷地は全てあわせると

東川小学校の教室の間には壁がなく、オープンな環境で学習する

16haと広大で、少年団などが活動する野球場やサッカー場、課外授業の農体験を行う体験農園、果樹園なども配置されている。建物は、学童保育施設や町民が利用できる交流プラザなどが入っている「地域交流センター」が併設されており、通常の小学校にコミュニティ機能を加えた施設となっている。

　学校のなかも、人口8000人規模の自治体の小学校とは思えない。各教室は隔てる壁がなく、オープンスペースが広い。特別に支援が必要な児童用の設備も整えられている。空調は環境に配慮した空気熱のヒートポンプを採用。給食は地元の食材を使った自校方式で、およそ350名の全校生徒がランチルームに集まって一斉に食事をする。生徒たちが使う机と椅子は、町内の家具職人によるもの。

　そのほかにも、廊下のオブジェや図書館の書架に至るまで、東川らしい木工作品が随所にある。ここまでこだわりぬいた小学校をつくるのは、まちの未来をつくるのが、この場で学び、育つ子どもたちだと考えるからだ。

　教育内容は「ふるさと教育」に力を入れており、農家の協力を得て田植えや稲刈り体験などをカリキュラムに入れている。1学年2組で編成しているが、それとは別に学力のレベルに応じて班に分かれ、特別支援員を配置してそれぞれに合わせた指導もしている。授業についていけない子どもを取り残さないようにするためだ。

上：学校のなかには、家具職人の手による作品が随所にあり、ぬくもりを生む　下：東川小学校の全校生徒は、約350人。子どもたちがまちの未来をつくっていく

　学校の統廃合を行ったわけではないが、東川小学校の移転にあたっては、住民から反対の声もあったという。

　まちは何度も説明会を開き、専門家を招いたり、模型をつくったりと、計画を丁寧に伝えた。予算措置についても見通しなどをすべて公開し、不安を解消していった。住民の理解を得るために対話を徹底して行ったのだ。

　今、東川小学校は町外からの視察が絶えない。まちの未来はどうなっていくのか。卒業していく子どもたちの成長を地域で見守っている。

STANDARD 29
本気の国際化戦略で交流を増やし定住を支える
日本初の公立日本語学校を開校

　東川の飲食店に入ると、さまざまな言語が飛びかっている。スーパーでは、棚にある商品名の表示が、英語、中国語、韓国語など複数の言語で書かれている。コンビニに入ったら、店にいたお客さんが全員外国人だったという事態も珍しくない。東川は小さなまちでありながら、グローバルなまちだ。
　「写真の町宣言」から30年。役場は現在、次なる30年に向けて種をまいている。それが、国際交流事業だ。少子高齢化で日本全体の子どもの数が減ってきているなか、諸外国、とりわけ他地域が注目しているとは限らない国々との交流を増やすことで、地域での活動が増え、定住人口を支えるという、長期的な展望にまちの未来を賭けている。
　そもそも、東川町は写真の町条例第一条に「写真を媒体として、国際的な交流と写真文化を通じ、世界に開かれた自然と文化の調和する活力と潤いに満ちた写真文化首都に相応しい町づくりの推進を図る」と盛り込み、姉妹都市提携など国際交流事業にも力を入れてきた。
　その流れをより明確にするべく、2014年3月に「写真文化首都」を宣言。未来へ向けてアジア、世界を意識し、国際交流を積極的に進めている。

写真文化首都宣言

1985年、私たちは「自然」と「人」、「人」と「文化」、「人」と「人」それぞれの出会いの中に
感動が生まれる「写真の町」を宣言し、写真文化を通じて潤いと活力のある町づくりに
取り組んできました。30年にわたる「写真文化」への貢献は私たち住民の大きな誇りになっています。
私たちは「写真文化」を通じて「この小さな町で世界中の写真に出逢えるように、
この小さな町で世界中の人々と触れ合えるように、
この小さな町で世界中の笑顔が溢れるように」願っています。
「おいしい水」、「うまい空気」、「豊かな大地」を自慢できる素晴らしい環境を誇りにする東川町が、
30年にわたる「写真文化」の積み重ね、そして地域の力を踏まえ、開拓120年の今、
私たちは未来に向かって均衡ある適疎な町づくりを目指し、
「写す、残す、伝える」心を大切に写真文化の中心として、写真文化と世界の人々を繋ぐ
役割を担うことを決意し、ここに「写真文化首都」を宣言します。

2014年3月

<u>日本語教育事業で
つながりのネットワークを世界へ</u>

　東川町は、外国人が東川に足を運ぶきっかけとなる入り口をいくつも設けているが、なかでも特筆すべきは、日本語教育事業だ。研修で日本語能力を向上させるのはもちろん、茶道や剣道など、日本文化を体験できる課外授業も行っている。また、写真撮影や木工クラフトの制作、旭岳への登山、スキーなど東川町のことを深く知ってもらうプログラムもある。
　研修生は、町内にある「東川町国際交流

姉妹都市
- カナダ　アルバータ州　キャンモア町
- ラトヴィア共和国　ルーイエナ州　ルーイエナ町

文化交流提携都市
- 韓国　江原道　寧越郡

友好交流提携都市
- 韓国　全羅北道　長水郡

左ページ：日本語学校で日本語の講義を受ける研修生たち。これまでに16カ国・地域から1500名以上を受け入れてきた

会館」や「国際交流館 マ・メゾン東川」に入館し生活する。朝夜の2食つきだ。

これまでの受け入れ実績は、台湾、韓国、タイ、中国、ウズベキスタン、ベトナム、ラトビア、インドネシアなど東アジア諸国を中心に16カ国・地域。2009年に事業は開始され、2015年には受け入れ人数が1500名を突破した。その実績をふまえて、2015年10月には「東川町立東川日本語学校」が開校した。この学校は、旧東川小学校校舎を再利用。市町村立としては初の公立日本語学校だ。

研修は、6カ月か1年のコース。東川に滞在した留学生たちは、潜在的な東川ファンとなることも多い。実際、帰国後に再び東川を訪れる者も多く、受講後も東川町とのつながりは保たれ、台北では同窓会も開かれたという。

こうしたつながりのネットワークを維持し、高めるために、役場は海外事務所を設置。2013年に台湾に「北海道東川町台湾観光案内所」を開設した。続いて2014年にタイ・バンコク市に「北海道東川町留学生支援タイ事務所」を開設。2015年には韓国、中国にも設置した。東川町への研修生、留学生の募集や、観光誘致を行っている。これも人口8000人規模の自治体では異例の取り組みだ。ちなみに、東川が主にベトナムやタイなどの国々と積極的に付き合う理由は、その国の将来

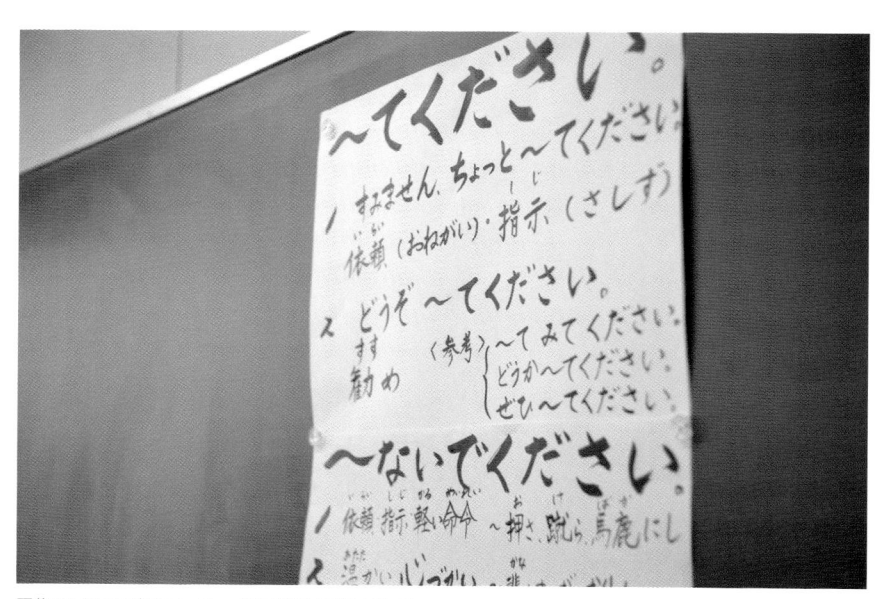

研修は6カ月か1年のコース。課外活動も充実している

性にある。今後の成長性を見込み、未来に向けて関係性を構築しているのだ。

民間との連携においても、北工学園旭川福祉専門学校が、東川で2014年に日本語学科を設置し、韓国、台湾、中国、タイ、ベトナム、インドネシアなどから100人を超える学生を受け入れている。行政は奨学金制度を設けるなど、協働しながら日本語教育に取り組んでいる。

外国人がいて当たり前のまちへ

その他にも、JETプログラムを通じて、多数の外国人職員を配置。外国語指導助手3人（アメリカ、カナダ）、国際交流員5人（韓国、中国、ラトビア、タイ、ウズベキスタン）、スポーツ国際交流員2人（フィンランド、ブラジル）を配置。小学校でも、サッカーの授業をブラジル出身のサッカー選手が教えるなど、多様な分野で国際交流を進めている。人口8000人規模で外国人職員をこの人数配置している町はおそらく日本のどこにもない。外国人住民登録者数も2015年12月時点で、188人を数える。

こうした国際色豊かな環境下にあって、町民にも「外国人はいて当たり前」という意識が広がってきており、よそ者を受け入れる風土にますます磨きがかかっている。

イベントを開催したり、海外に観光案内所を設置するなど交流を深めている

INTERVIEW

地方行政は大変だと言うけど、マイナスをプラスに変えるような発言をした方が元気になれる

Positive
プラス思考
↑
Negative
マイナス思考

松岡市郎氏（東川町長）

2003年から東川町役場で町長を務めている松岡市郎氏。常に新しいことにチャレンジし、活気あふれる役場は、どのように生まれたのだろうか。

―― 役場の職員は、よい意味で公務員らしくないと評判です。なぜでしょうか？

プロとは、その道に精通し、自ら動いて説得力のある仕事をする人のことです。我われは公務員のプロ。公務員は、住民のみなさんに幸せや繁栄、安心安全を提供することが仕事です。国に指示されたことをこなすだけの、受け身の仕事をしていてはプロとはいえません。僕は、役場はもっと自分たちで考え、決断し、物事を進めるべきだという思いが昔から強くありました。

では、そういう職場をどう創り出すか。職員一人ひとりが活性化し、能動的に働く体制にするには、人事しかありません。これまでの役場は、「あそこのポジションはあの人しかできない」という認識が多々ありましたが、本当にそうだろうか。

人の当然の心理として、どうせやるなら前任よりもよい仕事をしたいものですよね。

またすぐに人事が変わるなら、おかしな仕事はできない。向上心とはそういうものです。だから、人事異動を抜本的に変えました。誰がどの仕事を担当してもちゃんとよくなることを示すことで、役場のレベルは少しずつ上がると思っています。職場に、「あの人しかできない」という"神様"をつくっては、組織として成り立たなくなる。

―― 誰かでなければ仕事が回らないというようなこともありませんか？

大切なのは一人ひとりが我を出さないこと。「自分"が"この建物をつくった」「自分"が"このイベントをやった」と"が"の強い人は言いますが、そうじゃない。あなたは役場の職員だからやれただけで、「自分"も"一緒にやった」わけです。そういう"が"ではなく"も"の態度が、職員一人ひとりに備わってくるといい。

―― 職員は各地へ自らよく出かけていますね。

　職員の士気を向上させるには、井の中の蛙ではだめ。すごいと感じる人と出会って、刺激を受けることです。だから職員には、「とにかく外へ行きなさい」と言っています。反対に外から来たら会う。帰さない。
　たかだか100人程度の役場のなかでアイデアを出したって限界があるんです。外から来るものをどう吸収するか。僕も、はっきり言って自分のアイデアはないです。人と会うときは、お互いにとってよいことが何かできないかと、常に探しています。

―― 「3つの"ない"はない」などマイナスをプラスに転換する発想はどこから？

　地方行政はよく、やれ金がない、やれ大変だと言うけれど、そんなこと言ったって誰も助けてくれない。それよりはマイナスを少しでもプラスに変えるような発言をした方が、自分も元気になれるでしょう。大変かどうかはやってみればわかる。深く考えたらできなくなるから、まずはやってみる。だめだったら修正しながらやればいい。

―― 「前例のないことこそ挑戦する」という考えもお持ちですね。

　人がやっていないことこそ、チャンスだと思っています。成功する人を見ていると、目のつけどころが違う。たとえ着手するときに結果が見えていなくても、やることによっていろんな波及効果があるはずです。

―― 移住者が増えていることについてはどう感じますか？

　呼び合ったんでしょうね。いろんな人がまちの価値を認めて発信してくれていることが、まちの大きな価値です。まちとしては、努力している人、活動をしている人たちを大切にすることが重要です。
　ダーウィンによると、今日まで生き残った生命は、力が強いものではなく、環境に適応し進化したもの。我われも常に進化していかないと、まちは必ず衰退するでしょう。まずは刺激を受けないと進化しない。その進化をどう選択するか。ポジティブに、協働でやっていきます。

STANDARD 30
住居を構えてなくとも「まちの一員」に
ふるさと納税を投資制度の仕組みと考える

　東川町は、地域外に暮らしながらもまちに興味や愛着を持つ人の力を活用する、東川町の未来をともに創る「ひがしかわ株主制度」という仕組みを運用している。

　これは、住民税など税法上の控除を受けることができる「ふるさと納税」の枠組みを活用しているが、地域の特産品を提供するだけでなく、東川町が提案する4つのプロジェクト・7つの実施事業から、「投資」したい事業を選んでもらう。投資は一株1000円以上とし、「株主」としてまちづくりに参加してもらうという趣向だ。2008年9月から募集をスタートした本制度は、2015年12月には、開始から7年間で新規株主としての登録者が5929人に。人口を上回ることが予想される。投資累計額は約1.9億円となっている。

　株主になると、①株主証の発行、②株主優待（優待商品）、ひがしかわ土産、株主配当などの特産品のギフト、③東川町の公共施設、加盟店などの優待利用などのメリットを享受できる。さらに、町外に在住の株主は「特別町民」に認定される。

　株主から投資を受けた町は、各プロジェクトが実施金額に達すると町の事業として実施する（プロジェクトは変更もある）。例

4つのプロジェクト・実施事業7つの内容
詳細はURL参照：town.higashikawa.hokkaido.jp/stocks/

- 写真文化を守り育てる「写真の町プロジェクト」
  1. 写真の町整備事業
  2. オーナーズハウス整備事業
  3. 写真甲子園映画制作支援事業
- イイコトに貢献する「イイコトプロジェクト」
  4. 自然散策路整備事業
  5. ひがしかわワイン事業
- 水資源と地球環境を守る「ECOプロジェクト」
  6. 水と環境を守る森づくり事業 (左ページ写真)
- これからの時代を築く子ども達を育てる「こどもプロジェクト」
  7. オリンピック選手育成事業

えば、「ECOプロジェクト」の事業実施の際には、町内外の株主へ参加を促し、町内の視察、町民交流、植樹体験などを行った。参加した株主は、町を訪れ、素晴らしい自然環境のなかで町民とふれあい、もてなしを受け、自分で植樹した木々の成長に興味を持つことで東川とのつながりを深めることになった。

「寄付・特産品」の関係に
「投資・参画」を加える

　この制度は、ふるさと納税の利用者を、「寄付・特産品」という関係に限定するのではなく、「投資・参画」という関係としても関われるように設計している。

　株主のなかには、東川町の応援者として、東川の魅力を知人などに伝える人や、投資や直接的な事業への参画をする人もいて、結果として交流人口・定住人口の増加につながるという好循環を生んでいる。

　町の関係者は、「定住人口約8000人に加えて、特別町民（町外の応援者）を加えた1万人の町として考えたい」と語る。

　住居を構えない住民も東川町の一員としてまちに関わっていく、そういった未来を指向している。

STANDARD 31
「投資の回収から考える政策」で新機軸を創り出す

新東川小学校・モンベルの事例

　東川は、毎年のように驚きがあるまちだ。大きな変化としては、2012年、アウトドアショップ「モンベル」が路面店をオープン。2014年には、東川小学校が移転・新築され、その建築デザインや教室空間などが注目を集めている。

　人口8000人、2014年度の一般会計（歳入）約83億円という財政規模の自治体と考えると、大きな驚きを感じる。

　その疑問を東川町の関係者に投げかけると、「東川小学校は、町負担率の低い地方債を活用していて、10年程度で投資の回収が見込まれる」と明解に答える。とはいえ、校舎の建設費は約38億円。地区公園全体を含めると約52億が投資されている。具体的にはどのように回収するのか。

　東川町では、東川小学校・地域交流センター建設のために「平成24年度東川町財政運営計画（平成24～29年度）」を策定。将来の財政運営の健全性を確保するため詳細な検討を行っていた。それによると、「東川小学校等の建設の起債の合計は約32億円。その内、約67.7％が交付税で補てんされるので実質的な借金は11.5億円と試算。また、償還財源として減債基金の積立てをしている」という。それを根拠として10年

程度で投資が回収できると見込んでいる。加えて、この事業は建設による地域への経済波及効果があり、さらには教育環境の向上、移住・定住促進のための子育て環境の拡充などにつながるため、これからのまちづくりを考えるうえでも不可欠なものと捉えている。

次に、モンベルのケースをみると、中心市街地の空き地、空き店舗対策、商店街の再生・活性化のために商工会、観光協会がモンベルを誘致していた。それを実現するため、町が施設を建設。商店街活性化施設の利活用プロポーザルの公募を経て、モンベルがテナントとして出店することが決まった。

左ページ：町立の東川小学校。約10年での投資回収を計画している　右ページ：モンベル大雪ひがしかわ店。高い財政効果や経済効果を見込んで誘致した

投資効果、投資回収を考えた事業スキーム

ここでも、投資効果、投資回収という考え方で事業スキームが組まれている。「ひがしかわ議会だより」154号（2011年8月1日発行）、同157号（2012年5月1日発行）をもとに整理すると、建設費は約1億円かけている。その内訳は、道の補助金から約3800万円、基金の取り崩しによって6000万円としている。収入の見通しとしては、モンベルからの賃料が年間120万円入ることで利息運用より15倍近い運用益が確保でき、また法人町民税が入ることから5〜8年で投資は回収予定。さらには住民の雇用機会や周辺の店とのシナジー効果など、財政効果や経済効果が見込まれていた。

モンベル開業から3年が経過した。この間に、カフェ、レストラン、セレクトショップなどの専門店が多数開業。中心市街地には空き店舗が少なく、周辺部にも住居の一画を活用した店舗や農家を改装した飲食店がオープンしている。週末になると飲食店に行列ができる光景を目にするようにもなった。余談だが、モンベル大雪ひがしかわ店の業績は順調であり、同社は自然豊かな地域、アウトドアが楽しめるエリアでの出店が増加傾向にあるという。

STANDARD 32

「まちづくりから考える商業」が地域の活力を生み出す

協働が生み出す、新しい人の流れ

　地方都市の中心市街地にある商店街は、かつては地域住民の生活に密着した買い物の場だった。しかし1980年代から、全国的なトレンドとして、郊外の開発が進み、中心市街地は徐々に空洞化し、商店街の衰退が始まる。大型商業施設の郊外への出店により、消費の場が中心市街地から郊外へと移ったのだ。

　商店街衰退のもうひとつの原因として、共働きや単身世帯の増加に伴うライフスタイルの変化に商店街や個々の店が対応できなかったこともある。こうして、消費者は便利な大手チェーン店で買い物をするようになり、そのお金は地元に還元されなくなった。

　そうした時代の流れのなか、東川では、商工会が中心となり、まちづくりから商業を見つめなおそうとした。試行錯誤を繰り返しながら新しい人の流れを生み出し、特徴あるビジネスを展開している。

"協働"で木彫看板をつくり
東川らしさを形に

　約30年前、まちの人口が減り続けるなか、現在の東川町商工会長浜辺啓氏をはじ

めとする、Uターン・Iターン組の若手が「東川に人を呼ぼう」と立ち上がった。商工会青年部のメンバーだった彼らは、始まったばかりの「写真の町」事業に合わせて、「東川らしさとは何か、写真写りのよいまちとは何か」を議論した。

1986年、商工会青年部の部長らがヨーロッパへ視察に行き、現地で印象に残った突き出し看板からヒントを得た。工芸が盛んな東川らしく、木彫看板をつくろうという気運が盛り上がり、東川のメインストリート、旭川市から天人峡温泉、旭岳温泉を結ぶ道道1160号沿いに、それぞれの商店や組織・団体の看板を掲げる「木彫看板設置事業」が始まった。

まずは東川の顔である商店街の店の看板から着手し、各店の店主は、毎日仕事が終わってから制作に取り組んだ。自店の特徴やセールスポイントをもとにデザインを考案し、最初は自ら手彫りをしたが、やがて町内に住むクラフト職人も巻き込んだ。

商店街にある創業約60年のケーキ屋「ゝ月庵」の二代目店主であり、商工会のメンバーの髙島郁宏さんは、こう振り返る。「最初は先輩に言われたから仕方なくやってました（笑）。でもテレビ局に取材されるなど周りの反応がよくて、途中から意識が変わっていった。東川をいいまちにするために、自分ができることはこれしかないと思っていました」

木彫看板は最終的に全部で約90基が完成。店舗のみならず、郵便局や警察署、学校などにもお揃いの木彫看板が掲げられている光景は、「東川らしさ」そのもの。今も訪れる人々の目を楽しませている。

<u>次世代へつながる価値観の連鎖</u>

木彫看板設置事業で劇的に観光客や移住者が増えるほど、まちづくりは簡単ではなかったが、30年前の商工会の働きで、「みなで一緒にまちをよくしていこう」というムードが生まれたことは確かだ。中心市街地に活気が戻ってきたのは、2000年に「道草館」ができたことが大きいだろう。さらに、2012年にはその隣に「モンベル大雪ひがしかわ店」が開店。まちの中心に人の流れができて、商店街の空き家に新しい店が次々とオープンするようになった。

そして今、成人してまちを出ていた浜辺会長の子どもたちの世代（団塊ジュニア世代）が、Uターンしてきている。彼らは札幌や東京、あるいは海外で暮らして得た人脈や仕事のノウハウを持ち帰り、独自のスタイルでビジネスを展開。東川にしかない価値を体現しつつある。また、Iターンした者も自分たちらしい商いを始めている。彼らは「東川らしい暮らし」の価値を追求し、30年前と同様に、まちに新しい風を吹き込んでいる。

これからを担う世代のひとり「居酒屋 り

左ページ：まちのメインストリート、道道1160号。旭川市から天人峡温泉、旭岳温泉を結び、クルマ通りが多い。多くの商店も道沿いに並ぶ

しり」の中竹英仁さんはこう話す。
「自分たちが東川で、このまちの豊かさを実感しながら、よりよいライフスタイルを築いていけば、それが自然と東川の宣伝になって、訪れる人がまた増えていくんじゃないかと思うんです」

りしりは、東京からのお客さんがシーズンごと通いつめるほどの人気店。味へのこだわりもさることながら、店の雰囲気や店主の佇まいも親しまれる所以だ（P56）。

東川の評判は今、主に実際に訪れた人のクチコミで、北海道全域に広がっている。インターネットが普及し、本質的なことから共感の連鎖へとつながると、大々的な広告や宣伝、イベントをしなくても、人はやってくる。

時代とともに、まちに人を呼ぶ方法も変わるが、故郷を愛し、仲間とまちをよくしていこうとする情熱は、変わらずにまちの活力を生み出し続けている。

「木彫看板設置事業」で作られた、手彫りの看板の一部。施設の特徴やお店のセールスポイントなどを表現して約90基設置した。制作は、クラフト職人たちも手伝って行われた

COLUMN

東川でしか経験できない味覚を創出

　町内の老舗菓子店、「ゝ月庵」の髙島郁宏さんは、商工会で「東川らしさ」をPRするために取り組んだ木彫看板の制作が終わっても、「東川らしさ」を考え続けた。そして、東川の食材で商品開発をすることを思いつき、約15年前、東川米からつくった米粉で「北海道のもちもちーふぉんけーき」を完成させた。
「東京で作るより、東川で作った方が説得力があってお客さんが喜んでくれる。そんな商品を作りたかったんです」
　最初の2年間くらいは10個中2個しか売れないような日々が続いたが、あるとき九州の百貨店のバイヤーの目に止まり、「2週間、毎日100個送ってほしい」と頼まれた。注文に応えると、米粉のシフォンケーキは人気に火がつき、全国の物産展から発注されるヒット商品となった。
　以来、ゝ月庵では、シフォンケーキ以外にも、町内の豆腐店とコラボレーションした「豆乳プリン」や、ヨーロッパの山が名前の由来になっているモンブランに対抗して「アサヒダケ」と名付けたオリジナルのケーキを作るなど、東川ならではの商品を開発し続けている。
　ところが、最近、髙島さんは商品を町外に出荷することを止めることにした。
「売り上げだけ考えれば全国のデパートの物産展などに出した方がいいのですが、お客さんにはぜひ東川の空気のなかでうちのケーキを味わってもらいたいんです」
　髙島さんは、これからも東川らしさとは何かを考え、東川でしか提供できない価値を表現していきたいと考えている。

INTERVIEW

地域が生き残っていくためには、"その土地らしさ"をどう生かすか発想転換が必要です

浜辺啓氏（東川町商工会会長）

Rural 地方　Urban 都会

浜辺啓氏は30年前のUターン組。町議会議長・観光協会代表理事・商工会会長も歴任。「まちづくりから考える商業」の担い手のひとりに、東川のこれまでとこれからを聞いた。

—— かつて東川にUターンしたのはなぜですか？

　僕は東川の薬店に生まれ育ち、高校を卒業したあとは、大学に入らず30歳くらいまで日本中を旅していました。全国を見てきて、東川ほど条件のいいまちはないということに気づきました。東川には、1次産業（農業）、2次産業（木工）、3次産業（観光）がバランスよくある。これは最大の強みです。これを生かせばおもしろいまちがつくれるだろうと思い、戻ることにしました。

—— どのようにまちづくりに取り組まれたのでしょうか？

　戻ったとき、町民は今よりも排他的で、自分たちのまちのよさにも気づいていませんでした。僕は商工会のメンバーをはじめ、当時の町長にも「東川らしさ」を問いました。地域が生き残っていくためには、「その土地らしさをどう生かすか」という発想をするべきです。

　大雪山や田園風景といったロケーションは、普遍的な東川らしさです。だったらそれに似合う建物やライフスタイルをつくりあげようと僕は考えました。"おしゃれ"と同じです。東川にはコンクリートよりも木造建築が似合う。いきなり洋服全部を変えるのは難しいので、まずはネクタイから変えようということで、店の看板から着手しました。それが「木彫看板設置事業」です。

—— 「写真の町」事業については？

　賛成でした。みなが共通の目標に向かってがんばるのは、いいことです。

—— いま移住者が増えているのは、「写真の町」を続けてきたからだと思いますか？

結局は結果論になってしまいますが、しかし何の計画もなくして結果は出ない。「写真の町」に取り組む必然性はなかったかもしれないが、続けることに意味があった。

——　とはいえ、当時は町民同士でも賛否両論があったそうですね。

　「写真の町」にしろ、「木彫看板」にしろ、いろいろ批判もありました。でも、批判というのは「俺も仲間に入れてくれ」という叫びなんですよ。だから「文句を言うならやってみろ、やって結果を出してみろ」と向き合って仲間に入れてしまうんです（笑）。僕ははっきりとものを言うし、議論もたくさんします。そうやってきちんと意見を交わすことが重要なのです。

——　東川の行方をどう見ていますか？

　次の世代にまちづくりをバトンタッチしていくことを最大の課題にしています。今は将来の30年を決めるターニングポイント。危惧しているのは、東川がある種のブームで終わってしまうこと。評判だけで、中身がともなっていないと意味がない。
　下の世代は、親の跡継ぎにあぐらをかいていてはだめですね。反骨精神を持たなきゃ。そして、時代の変遷にどう対応していくか、歴史を踏まえて決めていってほしいと思います。

——　東川に限らず、地方のまちづくりはどんな課題を抱えているとお考えですか？

　身も蓋もない言い方になりますが、田舎というのは、疲弊するべくして疲弊しています。どこの地方でも、優秀な人間はみんな都会へ行ってしまう。学校や大手企業の立地からもわかるように、日本がそういうシステムになっているからです。田舎が都会の人材の供給源になってしまっている。
　そのなかで、程度の差はあれ、どこの地方も努力をしています。そうした地方をただ応援するのもいいけれど、日本全体を俯瞰して、都会には都会の役割、地方には地方の役割があることを理解するべきです。
　例えば、交通網整備をして人が動きやすいようにするという方法があります。人が動けば金も動くというのが、経済の原理です。そうした経営感覚をもって、まちづくりが行われるとよいのではないかと思います。

STANDARD 33
まちの真ん中に「地域商店の共有地」をつくる

まちの活力を映し出す「道草館」

　東川の中心市街地にある「道の駅ひがしかわ 道草館」は、地元商店街の核施設。観光客の玄関口であり、町民の憩いの場でもある。

　道の駅といえば、大きな幹線(道)に面した駅として、概して、その地域の市街地から離れたところに位置しているものだが、東川では、まちの真ん中にある。

　前身の「インフォメーションセンター 道草館」は、2000年に商店街の核施設として建設された。その後、2004年に国土交通省により道の駅に認定され、現在の「道の駅ひがしかわ 道草館」となる。道草館は商店街の真ん中で、インフォメーションセンターと道の駅という2つの機能を兼ね備える施設となっている。

　道の駅に指定された影響は大きく、2004年の道草館の来館者数は、約2万6000人から約27万6000人へと飛躍的に伸びた。その後も来館者は増え続け、2014年度は50万人弱が訪れている。

<u>経済活性を促すまちの共有地「道草館」</u>

　道草館の館内には、東川在住のクラフト職人による雑貨や、写真家のポストカード、

道の駅ひがしかわ「道草館」入館者数の推移

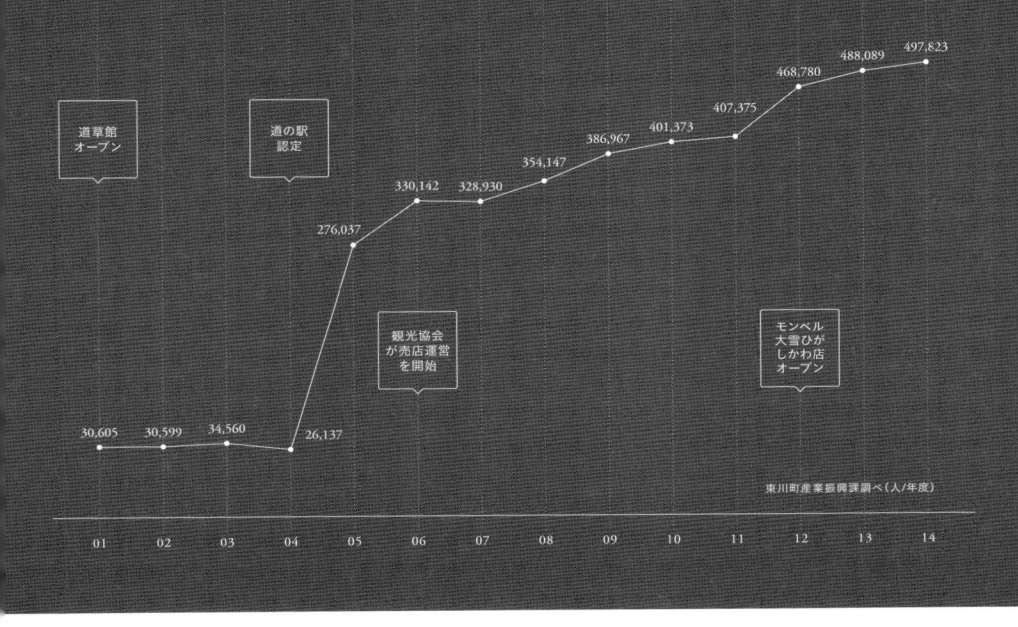

年	入館者数	出来事
01	30,605	道草館オープン
02	30,599	
03	34,560	道の駅認定
04	26,137	
05	276,037	観光協会が売店運営を開始
06	330,142	
07	328,930	
08	354,147	
09	386,967	
10	401,373	
11	407,375	
12	468,780	モンベル大雪ひがしかわ店オープン
13	488,089	
14	497,823	

東川町産業振興課調べ(人/年度)

移住者の店のスイーツやコーヒー豆、農家の農産物など東川でつくられた商品が一堂に会して販売されており、いわば、東川のショーウィンドウや、東川各所に散らばる活動へと導くポータル（玄関）といったところ。道草館は東川で商売をする一人ひとりが、自分たちの仕事の成果を見せ、お客さんとつながる共有地としての役割を果たしている。陳列されている商品は、それぞれの切磋琢磨の結果を物語る。行けば、その時々のまちの様相がわかる場となっている。

東川では徒歩では行けない場所に店舗が点在しているため、道草館は、来訪者が東川全体を俯瞰することや、気に入ったものを購入することができる便利な存在だ。店舗にとっても来訪者に、店や商品の存在、こだわりなどを知ってもらえる貴重な場となっている。

さらに、道草館は道の駅として24時間利用できる駐車場やトイレ、公衆電話があり、ドライバーが自由に休憩できる。そのため駐車場には旅行中のキャンピングカーが停まっており、「モンベル大雪ひがしかわ店」

左ページ・左：道の駅ひがしかわ道草館。2014年度は50万人弱が訪れた　右：旭川のコミュニティラジオ「FMりべーる」が道草館で定期的に公開生放送を行っている

や、近隣の飲食店に足を運ぶ人も多い。

　道草館はインフォメーションセンターと道の駅という2つの機能を融合させることで、来訪者がここを起点に町内を回遊する流れをつくり、まちの経済活動を促している。

<u>手作りマップはまちの"人間力マップ"</u>

　道草館では、東川の店を紹介する手作りの「ひがしかわマップ」を作成し、配っている。初めて訪れる人は、この地図でまちの全容を把握する。「ひがしかわグルメマップ 市街地ver.」「ひがしかわグルメマップ 郊外ver.」「ひがしかわ家具とクラフトいろいろお店マップ」「Welcome to 天人峡」「Welcome to 旭岳」の5種類があり、まちにいる外国人の国籍に合わせ、5カ国語に対応している。

　東川では、その時々で、お店が増え、営業時間や提供内容も変わっていく。内容は毎月のように更新し、常に最新の店舗情報を掲載。温もりのある手書きのイラストでそれぞれの店の個性が表現されており、ひと目でまちの活気が伝わってくる。ひがしかわマップは、もはやただの観光マップではなく、東川で商いをする町民たちの、いわば"人間力マップ"といえる。

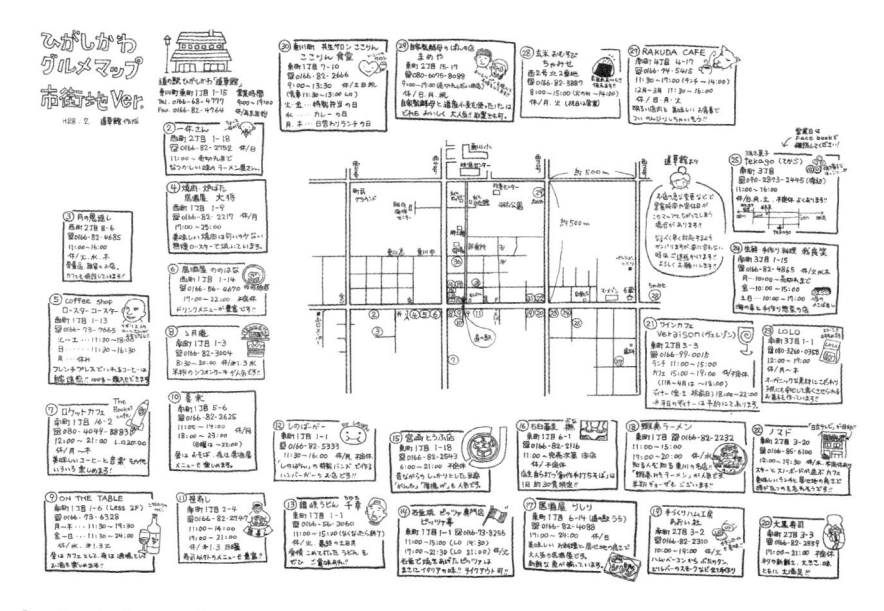

「ひがしかわグルメマップ 市街地Ver.」（2016年2月作成）

COLUMN

地域資源を発掘する、まちのマップづくり

　「ひがしかわマップ」を作成しているのは、道草館に勤めて13年目になるインフォメーションスタッフの山本英津子さん。山本さんが働き始めた当初、道草館はまだインフォメーションセンターだったため、お客さんに「おいしい店はありますか?」とよく聞かれた。そこで、いっそマップを作ってしまおうと考えたのが始まりだった。
　「私はパソコンが苦手なのでマップはイラストも文字もすべて手書きです。イラストは子どもの頃から得意だったので、こうした形で役に立ってうれしいです」
　町内に今ほど店がなかったときは、マップ上で一つひとつのお店のスペースを広くとれたが、新規出店が増えた現在は、最低限の情報を収めるのでせいいっぱい。更新するたびに訂正箇所を切り貼りしているという。「これ以上お店が増えたら、紙面に入りきらない。どうしよう」というのが密かな悩みだとか。
　道草館で接客をしていて、2009年頃から客層が変わったと山本さんは感じている。
　「LessやSALT、ノマドができたころからでしょうか。これまでいなかったおしゃれな方がたくさん来るようになって、道草館のスタッフも驚きました。さらに隣にモンベルができたことで、雑誌に載っているような、いわゆる山ガールも増えました」
　東川にファーストフードやナショナル・チェーン店が出店しないことを、山本さんは「いいこと」だと感じている。
　「このまま、こだわりのある人たちでまちをつくっていってほしいです」

STANDARD 34
共有価値づくりで企業を誘致する

地域とともに歩む「モンベル大雪ひがしかわ店」

　人口8000人の小さなまちの目抜き通りに、突如として現れる「モンベル大雪ひがしかわ店」。その出店は、企業、行政、写真家などの協働によって実現された。

　東川とモンベルの縁は、古くは東川に移住した写真家の竹田津実氏と、モンベル会長辰野勇氏らとの間に親交があったことに端を発している。そのため、初期のモンベルのカタログには東川の風景がよく出てくる。モンベル社内で東川はアウトドアのフィールドとして知られた場所だった。

　さらに、東川はモンベルの「フレンドエリア」のひとつだった。フレンドエリアに登録しているアウトドアフィールドは全国約50カ所あり、各エリアは「モンベルクラブ」の会員に向けた優待を提供。一方のモンベルはエリアの宣伝や現地でのイベントを展開することで、地域と協働を行い経済活性をもたらす仕組みになっている。モンベル東京広報の金森智さんはこう話す。

　「うちはマーケティングというものをほとんどしていません。見ているのは50年先です。将来、日本に自然のなかで遊ぶ文化が根付いているようにしたい。そのために、今から全国のフィールドと一緒にアウトドアを盛り上げていきたいと考えています」

モンベル大雪ひがしかわ店は、従来の都市型の店舗ではなく、アウトドアフィールドに出店するという新しいケース。モンベルにとって、このケースは鳥取の「モンベル 大山店」に続いて2店舗目になる。

アウトドアフィールドの店舗には、山に登る直前に足りないものを調達できるなど、現地ならではの利便性がある。また、地域に根付けば地元の人たちに日常的に利用してもらえる。モンベル大雪ひがしかわ店の下條典子店長によると、店にはアウトドアをしない人も、父の日などの記念日にプレゼントを買いにくるという。

さらに、隣接している道草館に24時間利用できるトイレがあるため、行楽シーズンは駐車場にキャンピングカーが複数台停まり、店を利用する。結果、モンベル大雪ひがしかわ店の売り上げは予想以上に伸び、ビジネスとしても成功している。

店舗スタッフは、休日はカヤックや釣りなどのアウトドアを楽しんでいる。モンベル社内では、仕事をしながら充実したアウトドアライフを送れる大雪ひがしかわ店は、異動先として希望者が多いそうだ。

東川で誕生し、全国に広がったモンベルのフィールドウェア

2014年から、モンベルは旭岳の自然保護観視員にウェアを提供している。また、アウトドアブランド「YAMAtune」(P50)が同社に続く形で東川に出店するなど、地域経済全体とよい影響を与え合っている。

町民のアイデアがきっかけで開発されたモンベルの「フィールドウェアシリーズ」

下条店長は、「大雪ひがしかわ店はほかの店舗よりもお客様との会話が圧倒的に多い」と言う。商品の使い心地を報告をしてくれる人も少なくない。こうした、顧客のリアルな声を拾える地域密着型のスタイルが生んだ製品がある。農作業・野外作業用の「フィールドウェア」だ。

企画の経緯は、「モンベルが農業のウェアを作ったらファッショナブルになり、農業従事者も増えるのでは」と町民がアイデアを持ちかけ、町内の若手農業者らが開発に携わり実現した。モンベルにとって地域と協働で新しい分野の製品を作るのは始めての挑戦だった。

2014年から、大雪ひがしかわ店にはおしゃれなフィールドウェアが並ぶ。その後も、店舗に寄せられる感想のほか、全国の女性ユーザーを中心にヒアリングを行い、デザインの改善を繰り返している。フィールドウェアは、東川で誕生し、今では全国の農家やガーデナーなどが利用している。

STANDARD 35
農芸家のこだわりが
豊かな食と文化を生む

東川ブランドを育てた、独自基準の取り組み

　かつて北海道の米は、おいしくないからと「やっかいどう米」と揶揄された。しかし、東川の米は「JAひがしかわ」が中心となり独自の厳しい基準で改良していくことで栽培技術を高め、「東川米」というブランドを確立した。そこには、個々の農家がプライドを持った"農芸家"として、お互いを高めていこうとしてきた農業経営の努力がある。

農家の力を高める東川スタイル

　東川には豊富な水源があるため、北海道にしては珍しく入植時から稲作が盛んで、2015年の時点で120回目の作付けとなる。水田の合計面積は約3000ha、うち8割が作付けされ、残りは畑地として転作利用されている。米の集荷率は95%で、全国トップクラス。今多くの地域で問題になっている耕作放棄地は、東川にはない。

　米だけでなく野菜や果物の生産も多い。なかでも軟白みつばの生産量は北海道一。そのほか、大玉トマト、ピーマン、軟白長ねぎなど、20種類以上の野菜がつくられている。

　JAでは、2018年に実施される生産調整の廃止に向けて、とりわけ「東川米」のブランド化を進めてきた。本格的な自由競争が

始まったとき、国の補助金に頼らず自立して生き残るためだ。

そのために東川の農家たちが行ってきたのが、独自のルールづくりだ。例えば「東川米信頼の証10か条要件基準」を制定し、残留農薬試験の実施や、生産者責任シールを米袋に貼付するなど、徹底した商品管理を行っている。また、安全面では、種を農薬ではなく60℃のお湯で消毒するという、新潟県が実践していた方法を道内でいち早く採用するなど、先取の姿勢で取り組んできた。

味も低たんぱく、高品質の基準値を独自に設け、収穫された米はJAが審査、4段階にランク付けしている。ランクによって買い取り価格には差がつき、結果を出す農家ほど収入を得る仕組みになっている。

こうした数々の取り組みによって、東川米は消費者の信頼を獲得するようになり、2012年5月には、「特許庁地域団体商標 東川米」として商標登録もされた。結果として、東川米は、現在、ほかの地域よりも高値で売買され、付加価値の高い商品になっている。

東川米を最高峰の米にするために、JAは全国から講師を招き勉強会を開催したり、農家の研修をサポートしたりと、徹底的に学び、チャレンジする姿勢を貫いている。組合長は全国の農業ネットワークの集まりに積極的に参加し、常に最新の情報や技術を追いかけている。自らハードルを上げ、米作りを極めることを、東川の農家は一丸となって実践している。

農協東川米10カ条（2007年〜）
（1）水稲栽培協定書締結生産米穀
（2）東川町稲作研究会水稲統一栽培基準遵守生産米穀
（3）東川米GAP記帳米穀
（4）農産物検査等級銘柄品米穀
（5）水稲種子更新100％米穀
（6）東川米統一包装資材使用米穀
（7）生産者責任シール（顔写真）貼付米穀
（8）品位仕分基準対象米穀
（9）残留農薬試験等確認済米穀
（10）東川町農業協働組合出荷米穀

農業に関する国の政策
1970年 「減反政策」導入
2007年 「米価暴落」
2010年 「戸別所得補償制度」導入
2016年 TPP（環太平洋パートナーシップ）に署名、正式合意
2018年 「減反廃止」予定

農業は国の政策に左右されやすい。実際、米農家によっては家畜の飼育米や加工米を生産したほうが補助金をもらえるという実態があるという。しかし、東川の農家たちはあえて主食米で勝負していくことを選んでいる。それは生産調整の廃止を見据えての選択だが、農業の危機ではなく、自立した農業を行うための好機ととらえてい

左ページ：厳しい基準をクリアして栽培された東川米。JAは、独自に「東川米信頼の証10か条要件基準」を設け、徹底した品質管理を行っている

るからだ。

農業をまち全体でバックアップ

こうした農家たちの取り組みをまちの他のステークホルダーたちも積極的に支援している。例えば、取引先獲得のための営業回りには、JA組合長とともに町長自らが出向くこともある。また、10年ほど前から「生活協同組合コープさっぽろ」と連携し、毎年稲刈り体験を実施している。生活者と交流することで、米作りへの理解を深めてもらい、販売促進につなげている。新米の収穫期は、東川町役場とJAで、東川米の新米キャンペーンも行う。「自分たちがつくった米を、自分たちで売るのは当然」というのが共通した考え方だ。

農業と直接関係しない分野でも、東川米はまちの"顔"として大切にされている。具体的には、東川に移住した人は「ウエルこめ」と銘打った東川米が5キロプレゼントされる。教育の場でも、小学校教育のカリキュラムには、農業体験が組み込まれている。学校給食は東川米を使用し、野菜もできるだけ地産地消と決められている。国際交流の場でも、海外の人たちに東川のお米を食べてもらうイベントなどが開催されている。

東川では農家がプライドをもって農業に

秋は、たわわに実った稲穂が頭を垂れる

取り組み、かつてはウィークポイントと思われがちであった米を、ポジティブなものに変えた。個々の農家の「自分ごと」を超えて、東川ブランドに恥じない米作りを「みんなごと」としてがんばる。それが農業の生産性を高め、質のよい米を巡って、さまざまな主体の協力や共感を得る「世の中ごと」が進み、さらなる「自分ごと」「みんなごと」の挑戦も進んでいく。経済的にも成果を生み出し、さらには東川米の成功がロールモデルになり、地域全体にも好影響をもたらす。食の豊かさはもちろん、文化の豊かさも、まちにもたらしている。

現在、東川町の農家の総戸数は約320戸、農業従事者数は約700人。最近は農業後継者が戻る傾向にあり、JA青年部に在籍している若手が、51名まで増えている。ここ数年はUターンをして農家を継ぐ若者が毎年4〜5名はいるという。

これから、まちの水田は15年がかりの大きな基盤整備を控えている。入植時、ランダムに数多くつくられた小さな田んぼは、1974年に1枚30アールのサイズに整えられ、現在まで続いてきた。将来は、8枚240アールで1つの田んぼにし、農地を集約。人口減少時代に対応し、少ない人数で機械を使って生産量を増やせるよう作業効率化を図るという。

水田の合計面積は約3000ha。うち約8割が作付けされている

INTERVIEW

1年1作。そこには、お金にかえられないやりがいがあります

樽井功氏（東川町農業協同組合代表理事組合長）

Agriculture
農
=
Art
芸術

東川の田園風景は、農家一人ひとりが田んぼに手をかけているからこそ、生まれている。1500名を超える組合員を率いるJAひがしかわ代表の樽井功氏に、東川の農業について聞いた。

—— 東川米の味の秘訣は何ですか？

田んぼには大雪山から流れてきた湧き水をくみ入れています。きれいな水で作られているから、当然おいしい米ができる。恵まれた環境の恩恵は大きいでしょう。

—— 品質向上は、どのような取り組みを？

個人的には、米・野菜・苗作りのプロがいればどこへでも見に行っています。若い頃は毎年自腹で一人旅をし、全国の篤農家に会いに行っていました。農協としては「自ら足を運んで考える」ことを推奨しています。反対に、外から人を招いて、農家たちが学ぶ機会を設けることもあります。

それから、苗作りにはかなり神経を使っていますね。特に青年部員にはうるさく教えています。糖度計などで生育診断をし、援農指導もしています。

自分も日々研究しています。例えば稲の花が咲くときに花の糖度を上げるように栄養剤を葉面散布します。根を活性化させ花の糖度を上げることにより味のよいお米が穫れます。こうした試験に基づいた米作りの技術を普及させたいですね。技術を隠したって仕方がない。みんなでうまいものをつくらないと、売れないですから。

—— コスト面でのやりくりは？

結果が出るもの、本当に必要な資材は、コストがかかっても使います。そこの見極めが難しくて、何が効いて、何が効かないか、試してみないとわからない。だから、自分が先に試験をして、農協の職員にデータをとってもらうことが多いです。

経済面では、行政が応援してくれていることが大きいです。まちのトップである町長が、我われと一緒に米のセールスをする。

説得力が違います。東川の場合、米を売り込むと同時に、まち全体を売り込んでいます。ものをつくる過程、どこで誰がつくっているかが、ブランド力になっています。

—— 農家の方々が国際交流もされているそうですね。

国際交流事業の関係者が台北から来たときに、東川米を気に入り「台湾で一番の米と勝負をしよう」という話になったんです。そこで、タラコやイクラなどおにぎりの具も一級品を用意して台湾に出向き、東川米のおにぎりを食べてもらいました。その交流会には、東川で語学研修したOB・OGのほかにも、さまざまな国籍の方が来てくれて、よいアピールになりました。

—— 「写真の町」事業が、東川の農業に影響を与えることはありましたか？

農業が忙しい時期にやることが増えるので、最初は煩わしさも感じていました。しかし写真甲子園が始まってから、「これはいいな」と思うようになりました。全国から若者が集い、町民と触れ合う。高校生がぶらっと田んぼにやってきて、写真を撮ったりする。さらには写真家やアーティストの先生たちも来てくれる。農家にとっても被写体になることが誇りにつながります。

—— 東川の農家はどんな方々ですか？

東川の農家は米作りのプロです。工芸家と同じように"農芸家"という発想もあっていい。農業を極める"農芸家"が、東川にはたくさんいます。

1年1作。種をまき、苗を管理し、自然のなかで作物と真剣に向き合う。そこには、お金にかえられないやりがいがあります。

—— 今後の展望をお聞かせください。

よいものをつくるには、心にゆとりと心構えがないとできません。これからの時代は、特にそうしたことが重視されるでしょう。東川の大自然に囲まれた生活のなかで作る米。おいしくないはずがありません。TPPを懸念する声もありますが、現場でちゃんといいものを作っていれば、心配はいらない。今後もまちとともに、東川米を発信していきたいです。

STANDARD 36

クラフトの「プロの感性」が
ホンモノを追究する風土を育てる

旭川家具ブランドを支える東川の技術

　キトウシ森林公園よりさらに奥には、東川在住のクラフト職人たちが住宅兼ギャラリーをかまえる「クラフト街道」がある。それぞれの工房がカフェを併設していたり、木工体験を提供していたりして、近年、観光スポットにもなっている。木工文化を支えるプロの存在が、東川のホンモノを追究する風土を支えてきた。

　そもそも、なぜ東川にクラフト職人が多く住んでいるのか。その背景には、"旭川家具"の歴史があり、ルーツは明治末期まで遡る。1896年、旭川市に陸軍第七師団の本部が設立され、鉄道が開通。多くの人が旭川市に暮らすようになった。大工や家具職人も本州からやってきて、当時では珍しかった洋風の家具作りが全国に先駆けて行われた。旭川の隣にある東川でも家具産業が栄え、工芸の技術が発展した。木材やベニヤなど、家具作りに必要な材料が簡単に手に入る環境もこの頃に整った。東川にクラフト職人が多いのは、このためだ。

　かつては、大量生産型の家具メーカーが東川にもあったが、時代の流れとともに輸入家具に押され撤退した。とはいえ、今も、旭川市や近郊地域のメーカーが製造する家具は、"旭川家具"と呼ばれ、日本三大家

具のひとつとして知られる。この旭川家具の約30％が現在も東川で生産されている。

クラフト職人たちの技術は道内外で高く評価され、取引先は町外にも多い。旭川の家具屋に卸す家具や、広告代理店から受託したノベルティ雑貨などの制作を行っている。同時にオリジナル作品の制作も行い、なかには、世界的な賞を受賞する作家もいる。最近では、アジアの若者を雇用したり、海外の学生の研修を受け入れたりするなど国際色が豊かになりつつあるともいう。

左ページ：「バウ工房」のアトリエ。さまざまな木工品が生まれる　右ページ：「鈴木工房」が制作するエゾリスをモチーフにしたペーパーウェイト

クラフトの緩やかなつながりを醸し出す「クラフト街道」

キトウシ地区を中心に、工房が増え始めたのは30年ほど前。1985年、「北の住まい設計社」が廃校になった東川第五小学校に工房を構えた。続いて、陶芸作品の「理創夢工房」、クラフト雑貨の「鈴木工房」などが、農家の空家に移住してきた。創作に最適な四季を感じる自然豊かな環境。そして、住居となる母屋のほか、工房にできる納屋があり、作業のしやすい広い土地まで揃っている農家の物件は、クラフト職人にとって条件がよかった。また、キトウシ地区は地質の問題で農地開発を断念したエリアだったため、土地も比較的入手しやすかったことも移住を後押しした。

30年前といえば、「写真の町」事業が始まった時期であり、商工会のメンバーが木彫看板の制作にいそしんでいた時期でもある。「鈴木工房」の鈴木秀一さんも、移住するやいなや商工会に入り、木彫看板事業に取り組んだ当時を振り返る。

「当時、東川の移住者たちは、いろんなことでまちおこしをがんばっていました。このエリアでも、木工作家たちでクリスマスイベントや座布団コンサートを開催していました」

そうした取り組みの延長線上に"クラフト街道"はある。この名前がついたのは、10年ほど前。自分たちの存在を外に知ってもらうため、エリア内に住むクラフト職人みなで話し合って決めた。また、道草館でクラフト街道を紹介するマップが作成されるなど、クラフト文化の存在がわかるように可視化された。訪れた人たちを通して、クラフト文化もひとつの「東川らしさ」として、さらに伝播していくことになる。

STANDARD 37
地域の経済循環と誇りを高める工夫を加える

提供するのは、東川でしか得られない価値

　地方衰退の原因のひとつは、地域内で循環していたお金が外に流れてしまうこと。地域内で経済が循環する仕組みづくりはひとつの課題である。

　東川では、例えば、役場が新たな施設を建てるときに町内のクラフト職人を対象に設備や装飾品などの制作者を公募、あるいは発注する。東川小学校の机や椅子、廊下に飾られたオブジェ、国際交流会館のモニュメントやルームサインなど、まちの至るところに職人の作品が見られる。これは、地元にお金が流れる仕組みであると同時に、クラフト職人にとっては自分の仕事が普段とは違った意義を持つ。象徴的なのは「国際写真フェスティバル」の受賞トロフィー。まちの職人が制作した椅子が授与される。それが職人の誇りにもつながっている。

　地域の飲食店も、地域でつくられた素材を活かす地産地消を追求し、その素材自体の魅力も発信している。そこに共感の連鎖が生まれてくる。

　東川でしか得られない価値を提供すると同時に、地域でこだわってつくられてきたものを意識的に自らの活動に加えることで、地域内での経済と誇りが持続的に高まっていくことが行われている。

COLUMN

生まれてきた子どもと時を過ごす「君の椅子」

　2006年に始まった「君の椅子」事業でも、椅子の制作をまちの工房が担っている。役場の事業が、地域内での経済活性にも貢献している。

　まちのメイン通り沿いにギャラリーと工房をかまえ、大門巖さんと和真さん2代で家具を制作している「バウ工房」は、これまでに3度「君の椅子」の制作を務めている。1度目は第一回目の「君の椅子」。工房を訪れたデザイナーから指名された。「難しいデザインだったので、作ることに必死でした。そのときは、『君の椅子』がこんなに有名になるとは思ってもいませんでした」と巖さん。

　2009年に再び依頼がきたときは、親子で制作にあたった。偶然この年は、和真さんの子どもが生まれた年でもあった。つまり、和真さんの子どもは、祖父と父親が作った「君の椅子」をもらったのだ。

　「君の椅子」は、町長が自ら一軒一軒手渡しして回る。この年は和真さんも同行する機会があり、自分が作った椅子を直接手渡した。椅子を受け取り喜ぶ家族と撮った記念写真は、今もギャラリーに大切に飾られている。

　そして2015年、実施する自治体が拡大したため一回目よりも4倍近い数の「君の椅子」がバウ工房に発注された。担当は和真さん。ギャラリーの奥の工房で、一脚一脚、手作業で作りあげていく。そうして完成した椅子は、使い込むほど飴色になり、味が出る。生まれてきた子どもと時間をともにするために、「君の椅子」もまた、東川のクラフト職人によって、毎年誕生している。

STANDARD 38
自然を愛する人の活動が
コミュニティと地域を豊かにする

自生を始めたアウトドア好きのコミュニティ

　東川には、本物のアウトドアライフを中心に据えた生活を楽しめる土壌がある。豊かな自然環境はもちろん、その自然環境と関わっている人びとのネットワーク（コミュニティ）も近年、大きな魅力となっている。
　通常はアウトドアを中心とした生活を求めても、自然が身近なところで生計を立てていくのは簡単なことではない。しかし、東川は、豊かな自然が身近にありながら、旭川での仕事や、こだわりの店舗などでナリワイを成り立たせることが可能な地域である。さらに、「自然を愛する」という価値を持つ人びとが集まり、イベントやサービスなどが生まれ、多様な活動へとつながっている。また、モンベルやYAMAtuneなどのアウトドアに関わる企業の出店もある。東川では、自然を愛する人びとの多様な活動があることで、より豊かなアウトドアライフが可能となっている。

人を惹き付けるアウトドアライフ

　大雪山連峰のエリアは、登山ファン、アウトドアファンに古くから親しまれてきた。本州なら3000m級の山を登ってやっと見られる高山植物が、旭岳ではロープウェイ

に乗ってわずか10分で見ることができる。さらに、まちの中心地からそれほど離れてない「キトウシ森林公園」では、大雪山と趣の異なる自然に出合える。この森林公園で、町民も子どもの頃からスキーや散策などの山遊びをし、里山的な愛着を持つ人も多い。

東川の恵まれた自然環境に魅せられた移住者は昔からいた。例えば、写真家たちだ。大雪山に生息するナキウサギやエゾモモンガなどの野生動物の姿をはじめ、山や自然の風景をカメラに収めてきた。

観光客に山を案内する山岳ガイドを生業にしている人も数多くいる。ほとんどが個人で活動しているが、人命にかかわる専門性の高い職業であるため、レスキュー研修や講習会などで横のつながりも強い。

エコツーリズムを通して地域の人びととの交流を促進する「NPO法人大雪山自然学校（旧ねおす）」も、さまざまな役割を担ってきた。例えば、旭岳・天人峡地区での環境保全対策事業を受託し、旭岳ロープウェイ姿見駅でのマナー啓発や登山道整備の

左右ページ：豊かな大雪山の自然環境は、登山・アウトドアファンから長年親しまれてきた。豊かな生態系を保ち、多様な動植物が棲息する

ほか、キトウシでの子どもの自然体験学校など地域に密着した活動も行っている。

マネージメント業務を10年近く担当してきた山口ちえさんはこう話す。

「ねおす（現・大雪山自然学校）では、夏期に短期で旭岳や天人峡で働くスタッフを募集しており、毎年7〜8名の若者が働きに来ていました。その方たちが東川に残ることが数年続いたことがありました。結婚したり子どもを産んだ方もいて、今も東川でアウトドアを楽しみながら暮らしています」

移住してきた若者が主体となってアウトドアを盛り上げる動きも起きている。例えば、2013年、カナダ発祥のアウトドアフィルムの国際的な祭典「バンフ・マウンテン・フィルムフェスティバル」を東川で開催。主催者は山岳ガイドの青木倫子さん（P138）。翌年「東川アウトドアフェスティバル」へと発展する。アウトドアメーカーを何社も招き、第4回目になる2015年は300名強の参加者が集まった。

世界が注目する大雪山エリア

スノーボーダー中川伸也さんは、東川と大雪山エリアがウィンタースポーツのフィールドとして世界に注目されていると話す。

「大雪山系には地形の関係で水分の少ない乾燥した雪が降ります。これは世界的にもトップレベルの雪質です。さらにすぐ近

「バンフ・マウンテン・フィルムフェスティバル」のフィルム上映会。アウトドアファンで会場は満員となった

くにインフラが整っているまちがあるから、旅行しやすい。今、アメリカやカナダなどで雪が積もらなくなっているため、日本に海外のスキーヤー、スノーボーダーが流れてきています。東川のポテンシャルを考えると、今後数年間で、欧米圏の観光客は必ず増えるでしょう」

もちろん、国内の人にとっても東川は条件がいい。旭川空港が近くにあるため、東京・羽田空港から6時45分発の便に乗れば、10時から滑り始めることができる。20時25分旭川空港発の最終便を使えば、日帰りもできるアクセスのよさも魅力だ。

自然を愛する人びとの活動は、さまざまな副次的な効果ももたらす。まず、自然や感性への高いこだわりがある。そういった人びとが地域で生活することで、センスのよい、こだわりを持つ店舗やビジネスが展開されやすい風土が醸成される。また、お互いの活動などに共感し、つながりを持っているため、さまざまな協働の活動を生み出すきっかけにもなりやすい。

2015年の夏、東川振興公社が主体となって行ったスキー場の整備に、中川さんをはじめとする自然を愛する人びとがボランティアを呼びかけ活躍した。自然を愛する人びとのコミュニティによる自発的な動きは、地域の住民や、行政、関係機関と連携しながら、地域を盛り上げる活動へとつながっている。

「東川アウトドアフェスティバル」には、さまざまなアウトドアブランドも出店。ワークショップなども開催された

INTERVIEW

私たちのなかに「東川人」みたいな意識があって、外から来る人たちをおもてなしするんです

青木倫子氏（山岳ガイド）

Higashikawa-jin
東川人

東川へのUJIターンした移住者を中心に盛り上がりを見せるアウトドア文化。その象徴が、「東川アウトドアフェスティバル」。イベントを立案し仲間とともに運営してきた山岳ガイドの青木倫子氏に経緯を教えてもらった。

—— なぜ東川に移住したのでしょうか？

　私は札幌出身で、20代前半にカナダに留学していました。日本に帰ってきてから、旭岳で働く友人を訪ねて東川に来たときに、感覚的に「このまちいいなあ」と思ったんです。当時は今ほど店は多くなかったけど、都会が苦手な私にとってはちょうどよかった。調べると、東川はカナダのキャンモアと姉妹都市。東川に住めば、山がすぐ近くにあるし、カナダともつながりが持てるかもしれない。そう思って移住しました。
　5年くらい住んだ後に、アフリカで2年間青年海外協力隊として活動し、帰ってきたのが2010年。久しぶりに旭岳に登って、私はやっぱりここが好きだと再確認した。

—— 再び東川に住み始め、仕事は？

　しばらく知人の山岳ガイドのアシスタントをして暮らし、2014年から独立しました。年間を通して旭岳の素晴らしさを紹介したいので、夏だけでなく冬もバックカントリーなどのガイドをしています。

—— 「バンフ・マウンテン・フィルムフェスティバル」「東川アウトドアフェスティバル」を開催した経緯を教えてください。

　20代前半に留学していたカナダの大学にバンフ・マウンテン・フィルムフェスティバルのポスターが貼ってあったんです。でも、学業が忙しくて行けなかった。5年前に東川に2度目の引っ越しをしてから、ここでバンフの映像を見れたらいいなと思い、役場の方に相談してみました。そしたら、当てはまる事業を見つけて予算を組んでくれたので、山の関係者40人くらいで集まって自主上映会をした。
　その評判がよくて、次があるならボラン

ティアで手伝ってくれるという人も出てきた。だから「東川アウトドアフェスティバル」として、役場に頼らずやってみることにしました。チラシを配ったり、北海道新聞に声をかけたりして、当日はお客さんが300人ほど集まりました。バックカントリースキーをする人や、山を散策する人まで、幅広い層の人が来てくれて、上映するフィルムもいろんな種類があるので、みんなで楽しめた。

以降、毎年開催していくなかで、運営メンバーの提案で写真家のスライドセッションを取り入れるなど、イベント自体も充実してきています。お酒を飲みながらみんなでイベントの話をすると、いろんなアイデアが出てワクワクします。誰かのやりたいという思いが、形になる機会でもあります。

—— イベントで東川のアウトドア文化を盛り上げている意識はありますか?

私たちのなかに「東川人」みたいな意識があって、協力してくれるアウトドア業界の人たちを、アットホームにおもてなしするんです。打ち上げのときなどに、ビジネスのやりとりもあって、その場で商談が成立することもあります。

経済効果を数字として出してはいませんが、イベントが開催される11月は閑散期なので、まちに人が来てくれたら、まちのお店にも喜ばれます。バンフ・マウンテン・フィルムフェスティバルも、ロッキー山脈の麓のバンフという地域に住んでいる山岳ガイドたちが、夏と冬の間のオフシーズンに始めたことなんです。私たちも、スキーシーズンインに向け盛り上がることができる時期に開催しています。

—— 本場の「バンフ・マウンテン・フィルムフェスティバル」に視察に行ってきたそうですね。

実は回数を重ねるほど、運営の難しさを感じていて。スタッフがひとつにまとまるためにも、同じイメージを共有することが大事だと思い、役場の方に相談しました。そうすると、国際観光支援事業として、本場のフィルムフェスティバルに東川町として出展しに行くことができました。

12年前に東川を知ったとき「このまちにいたらカナダとつながれるかも」と想像した、その通りになりました。役場の方の計らいに、また東川を見直しています。

STANDARD 39

学校での協働が豊かな社会を育む

地域の人と人を結ぶ小学校

　コミュニティを維持・活性化する機能は"祭"が伝統的に担ってきた地域が多い。東川は120年前の開拓によってまちができたため、伝統的な祭は少ないが、小学校で開催される行事が似た役割を担ってきた。住民たちが情熱を注いで運動会や学芸会を開催し、コミュニティの内発的な活性を促している。学校が元気であることが、地域の活力に直結する。

　少子化による小学校の存続の危機が訪れるなかで、地域で「学校を守る」という意識も高まった。学校が元気であることが、地域の活力に直結する。

　小学校区は、地域コミュニティのひとつの基礎単位。東川には東川第一、第二、第三小学校、東川小学校、あわせて4校の町立小学校がある。いずれも1900年頃に開校。最も大きいのが2014年に移転した東川小学校で、2015年12月現在、全校生徒が347名。ほかは3校あわせて約100名。

　東川小学校を移転建設するときに、建設検討委員会、統廃合検討委員会が同時に立ち上がり、町内にあるすべての学校を集約することも検討したが、地域コミュニティを保つために各地の学校を残すことにした。現在は地域から声が出ない限り存続させる方針だ。

自分の子どもがいなくても、学校行事に参加する

　東川の学校行事は、教員や生徒だけではなく、PTAや消防団などが協働してつくりあげる。そのため、地域の担い手とPTAはリンクする傾向がある。

　また、東川には各地区に複数の町内会があり、学校の運動会のほかに、地区対抗の町民運動会も毎年開催している。むかで競争や綱引き、米どころならではの俵かつぎ競争など、大人も子どもも、地域の意地をかけて戦いに興じる。運動会の前には、地域の人びとが誘い合って練習もする。これによって地域内の結束が強まる。

　特に地域の結束が強く、行事に対して熱心なのが、第三小学校のある第3地区。第三小学校の卒業式では、自分の家族が通っているいないにかかわらず地域の人びとが参加し、涙ながらに子どもを送り出す。地域全体で子どもを見ているから、感情もこみ上げてくるのだという。卒業生は、卒業した後も愛着のある小学校に足を運ぶ。そのため、学芸会では卒業生たちが演劇やコントなどの出し物をする枠まである。

　また、同地区では学校のクラブ活動の代わりとなる少年団活動の活動資金を集めるために、来場者に生ビールを振る舞う「ビールパーティー」を実施。目標は達成したが、地域の人に喜んでもらうため、その後も続けている。毎年ビールや食事、出し物を用意し、販売。200名ほどが集まり、飲めや歌

左ページ：第三小学校の運動会の様子。学校関係者だけでなく、卒業生や地域住民も参加し、祭として盛り上げる。地域の交流の場となっている

えや盛り上がる。移住者が地域になじむ交流の場にもなっている。

　こうした環境で育つ東川の子どもは、肌感覚でコミュニティの重要性を理解する。これが、東川の原点のひとつといえる。地域コミュニティの結束があると、人のつながりのなかで互助の仕組みができ、信頼関係に基づいた生活ができる。さらに、地域への思いは、働き盛りの世代がUターンをして地元で商いをする動機にもなる。

　地域コミュニティは一度失われると回復は難しい。東川では、一丸となってコミュニティを維持する努力を続けている。

INTERVIEW

全校生徒11名。ギリギリの状態で、「学校を守らなければ」という気持ちが芽生えました

矢澤 睦(まこと)氏（第三小学校PTA会長、丸巳代表取締役社長）

School 学校 = Community コミュニティ

東川のなかでも特に結束の強い第3地区コミュニティの担い手のひとり、矢澤睦氏は、大規模農家「丸巳」の代表でもある。地域とどのように関わっているのか、その思いを語ってもらった。

―― ご出身も第3地区、第三小学校ですか？

　昔は忠別ダムの建設で水没したエリアに住んでいて、立ち退きで1989年に第3地区に引っ越してきました。弟は第三小学校に通いましたが、自分が通っていた小学校は今はありません。
　高校進学でまちを出て、24歳のときに家業の農家を継ぐために戻ってきました。

―― 地域との関係はどうでしたか？

　うちはもともと山の上の人の住んでいないところで、野菜を中心に農業を営んでいました。後発で稲作を始めたとき、田んぼはみんなで水を分け合うもの、協力し合って農作業はするものだと教わりましたね。お互い気持ちよくいられるように、マナーを守る。コンバインの移動ひとつにしても、道路に土を落としたらほうきで掃いたりしますね。

―― 第三小学校の行事に関わるようになったのは、いつからですか？

　子どもが学校に通い出したことで、PTA活動に参加するようになりました。今の第三小学校の生徒数は23〜24名ほど。うちの地区はほかの地区より少子化が進んでいて、当時の生徒数は11名しかいませんでした。自分よりひとまわり先輩の方々が、コミュニティを保とうと必死にがんばっていた。
　弟も一緒に家業を継ぎ、家庭を持っていたので、一時、第三小学校には矢澤の姓が5名ほどいたことがありました。すると、全校生徒の半数近くが自分の家族や親戚になる。そういうギリギリの状態で「学校を守らなければ」という気持ちが芽生えました。

—— 具体的にはどんなことを？

　町民運動会の練習の人集め、声かけはかなりしています。若い人がうちの地域に移住したと聞けば、子どもが小学校に通っている、通っていないに関係なく「一度参加してみなよ。絶対楽しいから」と巻き込みます（笑）。みんな勝負事が好きなので、本当に楽しいんですよ。それから、卒業式にも「見ておいた方がいい」と誘います。地域全体で子どもを育てているので、感動的なんです。

　コミュニティの絆というのは、代々受け継がれていくものです。僕の上の世代はもっと熱くて、自分の仕事と同じかそれ以上の熱意を持って、行事に参加していました。

—— 東川小学校の設立にあたって統廃合の話が持ち上がりましたが。

　反対でした。「きれいで大きな学校の方がいい」という発想もありえたかもしれませんが、当時第三小学校に子どもを通わせていた人も、みんな反対していました。

　地域が元気でいられるのは、小学校があるからです。そういう意味でも、みんな学校を守りたいんです。

—— 第三小学校の生徒数が以前より増えたのはなぜでしょうか？

　第3地区に住宅地を誘致して、子どもがどっと増えた年がありました。ただ、いつまた減ってしまうかわかりません。子どもがいる人を外からどうやって呼び込むか、役場ともときどき話をしながら、いつも考えています。

　小学校を統廃合するかどうかのボーダーラインは、生徒数15名らしいです。第三小学校も2、3年後にはそれにかかるかもしれません。今年の卒業生は4人、来年は8人。それに対して入学するのは、1、2人しか予定がない……。こういう、減ったり増えたりの繰り返しなんです。

—— 小学校の今後の課題はなんですか？

　ここは教育環境はいいと思います。大雪山を仰ぎながら、地域の人に見守られて、のびのび成長できる。あとは僕らが移住したくなるような情報発信をして、子どもを増やしていくことですね。

STANDARD 40

地域で影響し合って「自分たちのスタイル」が生まれ続ける

東川スタイルのひとつのきっかけとなる北の住まい設計社

　家具や雑貨を中心に、自然とともにある暮らしを提案する「北の住まい設計社」は、"東川らしさ"のひとつの象徴である。

　町民は北の住まい設計社のスタイルから影響を受け、さらなる自分たちのスタイルを生み出していった。そして、共感に支えられる多種多様な商いや事業が東川で育った。

　北の住まい設計社は町の中心地から8kmほど離れた山裾にあり、1928年に建てられた旧第五小学校を修理・増築し、自ら育て続けている森に囲まれた工房をかまえる。別棟にはベーカリーやショップが設けられ、雪が深い時期でも遠方からひっきりなしに観光客が訪れるほど、人気のスポットになっている。

　シンプルで長く使える、しっかりとした手仕事の家具作りをベースに雑貨、アパレル、住宅に至るまで、幅広く理想のライフスタイルを提案し続けている。別棟に設けられたスペースは、ハード系やデニッシュなどを中心としたパン、オーガニックな食材を販売するベーカリーと、道産の季節の素材を生かしたパスタなどが楽しめる開放感あふれるカフェで構成される。

　ここを訪れる住民や町外の人たちには、おそらく3つの気づきがある。

<u>自分の暮らしを見つめ直す
来訪者による3つの気づき</u>

1）東川の豊かなライフスタイルの実体験＝
「こんな暮らしがしたい」
2）東川の立地で事業が成立するビジネス
モデル＝「商売が成立する」
3）地産地消型業態での起業の現実性＝
「私にもできるかもしれない」

　代表の渡邊恭延氏は、約30年前に工房を構えて以来、自ら学び、本質を探究する価値観を、製品や工房を取り巻く空間・活動に反映し、信念を貫く事業を続けてきた。その長年にわたる事業活動が共感を得て、東川で商いをする人びとのなかには、北の住まい設計社と同じ東川で事業を行うことの意味を、それぞれなりの言葉で語る人も少なくない。

　北の住まい設計社がひとつのきっかけとなり、東川では、お互いを影響し合い、自分たちのスタイルを生み出し、高め合うという関係が続いているのだ。

左ページ：豊かな森のなかにある北の住まい設計社
右ページ：店舗には、こだわりの家具や食品などが並び、北海道内外から観光客が絶えない

INTERVIEW

自分たちのスタイルをつくり、いいと思うものや暮らしを表現しています

Higashikawa-ism
東川思考

渡邊恭延氏（北の住まい設計社代表取締役）

東川で商いをする人びとには、北の住まい設計社と同じ東川で事業を行う意味を、それぞれなりの言葉で語る人が少なくないのが印象的だ。代表の渡邊恭延氏は、東川で何を考え表現してきたのだろうか。

—— 移住してきた当時のことを教えてください。

　独立して間もない頃、家具作りのできる場所を探していたら、東川の廃校が空いていると、信頼しているアーティストの知人に誘われました。寂しいところでしたが、そこに工房と自宅をかまえることにしました。学校という古い建物を修理し、再生しながら残していくことを、自分たちの生き方のシンボルにすることにしたんです。
　また、荒れ果てたこの場所で、森を育てようと決めました。森というのは、高い木の下に低い木があり、その下に草が生えているという構造になっています。それが自然とできあがり、野の花が咲くようになるまで、体験しながら待とうと。

—— 北欧様式の家具を展開しているのはどうしてですか？

　学生時代にフィンランドの先生に家具作りを教わり、北欧を訪ねる機会がありました。向こうは暖かい季節が短く、木も草も弱々しくはかないんです。それを大切にしながら暮らす人たちを見て、なんて豊かな暮らしなんだろうと思いました。
　そこで、スウェーデンからデザイナーを1年招聘して、一緒に商品開発をしました。東京で展示会をしたら、びっくりするほど人が集まり、「こんな家具は見たことない」と評価された。当時はまだ本物の洋家具が日本に根付いていなかったんですね。

—— ものづくりにどんなこだわりをお持ちですか？

　人の暮らしは自然とともにあるべきだという考えが、一貫してあります。科学技術の進歩とは別に、環境に優しいものづくりをしたい。だから、天然素材しか使わないと決

めています。具体的にはウレタン加工をやめ、スウェーデンのデザイナーに教わったオイルフィニッシュにした。生半可な気持ちでは世の中の大きな流れに飲み込まれてしまう。だから極端なまでに、いっさい止めました。間違ったことをしてなければ、必ず売れる日が来ると信じていた。

さらに、4、5年前からは、アメリカ産の木材の使用をやめました。すべて北海道の木で家具を作り、家を建てるという挑戦が、僕の人生の最終章です。こんな時代です。ものづくりをしている者として伝えるべきメッセージがあるとすれば、それは地産地消だと考えています。

—— カフェをオープンしたのはどうしてですか？

最初は、展示会に出した家具を見てもらおうと、住まいの一部をギャラリーにした。すると人がたくさん来るようになったので、お茶を出していた。それが評判になってさらに人が来るようになったので、小さなティールームをつくった……必要に迫られて徐々に広げていった産物です。自分たちで意図してやったことはないんですよ。

—— ものづくりを"東川"でする意味は？

これまで大きな決断をするときは、勘というか、空気というか、時代の移り変わりを感じ取っていました。それができるのは、ここの自然に身を置いているからだと思います。それから、東川のきれいな地下水を飲んで生かしてもらっていることが、精神に与えている影響は大きいと思います。

最近は「精進」という言葉が好きなんです。日々というのはほとんど修行みたいなものです。一歩一歩、「made in Hokkaido」というものを研ぎすませていきたい。

—— 東川に新しい店が増えてきていることについては、どう見てますか？

東川で店を出している知り合いを見ていると、考えていることが似ている。事業を大きくしよう、ブームをつくろうというより、自分たちのスタイルをつくり、いいと思うものや暮らしを表現しようとしている。そういう人がぽつんぽつんと増えてきている。「いい感じだね」と、年代が違うけど僕たち夫婦は話しています。

東川という場所

　2011年11月に東川町を訪れてから、この場所の不思議な魅力の虜になった。しかし、東川町を第三者に伝えようとするときに、ふさわしい言葉が見つからない。魅力的な人びと、素敵なカフェやセレクトショップ、旭岳と田園風景が織りなす四季、天然水の暮らし、写真の町など、さまざまな魅力を言葉を尽くして語ろうとするが、的確に伝えることができないもどかしさをいつも感じてきた。

　町の関係者に、「どうして、このような町になったのか?」と質問しても、その説明にはあいまいさが残り、私の疑問は解消されない。ならば、この魅力を伝えるには、実際に連れていかなければいけないであろうと、東川町役場の方々の協力を得ながら一人、二人と興味を持ってくれた知人たちをナビゲートし、その道程で議論を重ねながら、東川の魅力を的確に伝える方法を探してきた。模索を続けるなかで、その模索のプロセスこそが、これからの地域づくりのヒントになるのではないかと思うようになった。そんな気づきから『東川スタイル』のプロジェクトはスタートした。

まずは、東川の不思議を解き明かすために、さまざまな人に取材をさせていただいた。そこでの気づきを掘り下げるために、さらに新たな人を紹介していただき取材を繰り返すということを続けていった。東川の魅力の謎を解き明かしたい。そんな想いが媒介となり、気づくと、実に100人近い人たちとの対話を行っていた。

　インタビューをさせていただいた方々は、口を揃えて「東川で暮らすこと」の価値、「東川らしさ」へのこだわりを話す。そこには「東川らしさ」という共有の価値があった。写真の町宣言から30年が経過し、このイベントは地域資源を磨きながら、人と人のつながりによる「東川らしさ」という共有価値を創造したのだ。

「共有価値」というのは、理解しにくい言葉だが、東川の人びとの営みを観察すると自然と浮かび上がってくる、「スタイル」という言葉に置き換えるとわかりやすい。「スタイル」とは、『大辞泉 第二版』(小学館)によると「①体つき、②服飾・頭髪などの型、③建築・美術・音楽などの様式、④文章や文学作品の表現形式、⑤個人や集団などに固有の考え方や行動の仕方」であり、個人や集団に固有の価値とそのあり方を表す。湘南スタイル、原宿スタイルといえば、

イメージが湧くだろうか。

　実際に、あいまいな「東川らしさ」というものを、東川に固有の考え方や行動の仕方として、つまり「東川スタイル」として見るように眼差しを変えてみた。すると、東川で暮らす人たちの豊かなライフスタイル、「写真の町宣言」をきっかけに脱公務員発想を掲げ機知に富んだ制度設計を行う役場スタイル、町役場・JA・商工会・ボランティア団体・NPOなどが「東川らしさ」を追求し取り組む協働スタイルなど、さまざまなスタイルが機能することで、独自の小さな生態系を形成していることに気づいたのだ。

　そのスタイルをヒントにスタンダードとして整理を試みることになったわけだが、その道のりは険しかった。その際に多大なサポートをしていただいたのが、東川に住むクリエイターたちだった。都内に住み、月に一度程度しか現地を訪問できない私たちに、東川を愛するクリエイターたちが伴走し、ともにつくりあげてくれた。彼らの才能が、この本に価値を与えてくれている。この本そのものが、「東川スタイル」の産物、共創の一例と言えるのではないだろうか。

　さて、『東川スタイル』で取り上げた未来社会の価値基準（スタンダード）は、

読者の方々のスタンダードと比べて、どのような感想を抱かれるものだったろうか。もし、ご興味を持っていただけたのなら、また東川を訪れたことがなかったなら、ぜひ今度は実際に足を運んでみてほしい。その入り口として、巻末に一部店舗のリストも紹介しているが、町役場や観光協会、個性的なお店のホームページやSNSなどもぜひ調べてみてほしい。そこから、あなたのまちづくりトラベル、まちと共創する旅がはじまる。

　本書の作成にあたっては、東川町のさまざまな方に取材のご協力をいただき、また意見交換をし、有益なアドバイスをいただいた。本書が上梓できたのは東川の人たちのおかげである。心から感謝を申し上げたい。また、何より東川の人たちの言葉に耳を傾け本書・東川スタイルを紡ぐことができたのは吉田真緒さんの力量によるところが大きい。そして、このような出版の機会を与えていただき粘り強く伴走いただいた産学社の末澤寧史さんに重ねて厚く御礼を申し上げる。

2016年3月　小島敏明

DAILY LIFE
of
HIGASHIKAWA

東川のふつう

東川ではふつうのことでも、
ほかのまちではふつうではないこと。
東川だけの、特別な"ふつう"をご紹介。

01

DAILY LIFE
of
HIGASHIKAWA

[子どもたちはまちで作られた木の家具で育つ]

東川では、まちのクラフト職人たちが、生まれた子どもに贈る椅子や小学校の机を作っている。質の高い手仕事が、健やかな成長を見守っている。

ファーム・レラのたまご

デメテルの
ベーグルと山食

まめやの豆乳ロール

ティールーム・トムテの
ジャム

02

DAILY LIFE
of
HIGASHIKAWA

ロースターコースターのコーヒー
水は大雪山の湧水

あおい杜の
ベーコンとチキンロール

[町内で食材を集めると最高の朝食ができる]

まちには、素材からこだわり、おいしさを追求している店がたくさん。
朝食を東川のもので揃えれば、一日のはじまりが高級ホテルよりも贅沢に。

03
DAILY LIFE
of
HIGASHIKAWA

01
[DEMETER]
CHOCOLATE CAKE

02
[TEKAGO]
SNOW BALL

［ 素材がいい安心安全なスイーツにことかかない ］

パン屋やお菓子屋が多い東川では、心にも体にもうれしいスイーツが、
いつでも手に入る。大人も子どもも、毎日ティータイムが待ち遠しい。

03
[TENGETSUAN]
KINU ROLL

04
[&DONUT]
GRAHAM DONUT

04

DAILY LIFE
of
HIGASHIKAWA

[冬時間はストーブに薪をくべて豊かに過ごす]

北国の暮らしに似合うのは、ぬくもりのある薪ストーブ。東川では長い冬を心豊かに過ごすために、薪ストーブを設置している家庭や店が多い。

[YOSHINORI COFFEE]
SHOP & HOME

[YAMATUNE]
SHOP

[THE YAMAGUCHI RESIDENCE]
HOME

[SHINRIN TAIKEN KENSHU CENTER]
PUBLIC SPACE

[ROASTER COASTER]
SHOP

[THE MATSUZAWA RESIDENCE]
HOME

Kitoushi

2014

05
DAILY LIFE
of
HIGASHIKAWA

[ボジョレーもよいが、キトウシの解禁が楽しみだ]
キトウシ山麓で育ったブドウから作るワイン「キトウシ」。毎年季節になると、
町民は地元でしか味わえないボトルを開けて乾杯する。

SHOP LIST

東川スタイル ショップ＆飲食店リスト

※ショップ＆飲食店は日々変化・進化を続けています（掲載情報は2015年12月時点）。実際に東川町を訪れてあなただけのお店を発見してください。なお掲載店舗の開店時間や定休日については、訪れる前にホームページ等でご確認ください。
※西暦は開業年、「*」は町の起業化支援制度を使用したお店。番号はP166-7の地図に対応しています。

01 | カフェ | 2009
喫茶コスモス
相和工房内カフェ
--
東川町1号北44 / 0166 68 4125

02 | カフェ | 2014
ロースターコースター Roaster Coaster
自家焙煎コーヒー
--
東川町西町1丁目1-13 / 0166 73 7665

03 | カフェ | 2002
Tea room TOMTE
ギャラリー、カフェ（内部にスタジオK&M）
--
東川町東10号南5 / 0166 82 6522

04 | カフェ | 2005*
ドッグカフェ サニースポット
ドッグカフェ
--
東川町西11号北24 / 0166 82 4004

05 | カフェ | 2011
草の芽café
カフェ、スイーツ、手作り雑貨
--
東川町東町2丁目10-13 / 0166 82 6080

06 | カフェ | 2010*
RAKUDA CAFÉ
カフェ
--
東川町南町4丁目4-17 / 0166 74 5415

07 | カフェ | 2014*
The Rocket Cafe
カフェ
--
東川町南町1丁目16-2 / 080 4049 8883

08 | カフェ | 2015*
ヨシノリコーヒー
自家焙煎コーヒー
--
東川町北町12丁目11-1 / 0166 56 0099

09 | カフェ | 2015
池のほとり CAFE HANA
カフェ（理創夢工房隣り）
--
東川町1号北44 / 0166 82 3859

10 | 複合 | 2014
月の恩返し
物販、カフェ
--
東川町西町2丁目8-6 / 0166 82 4685

11 | 複合 | 1985
北の住まい設計社
物販、カフェ、インテリア、家具
--
東川町東7号北7 / 0166 82 4556

12 | ベーカリー | 2010
天然酵母の蒸しパン屋 しのぱん
蒸しパン
--
東川町西5号北28 / 0166 82 3822

⑬ ベーカリー | 2002
パン工房 メルヘン
「東川米」米粉パン
--
東川町東7号北3 / 090 2053 3534

⑭ ベーカリー | 2008*
パンと焼き菓子の店 DEMETER
パン、焼き菓子
--
東川町西10号北46 / 0166 82 2693

⑮ ベーカリー | 2010*
自家製酵母ぱん まめや
自家製酵母パン
--
東川町東町2丁目15-17 / 080 6075 8088

⑯ ベーカリー | 1997
田舎パン フレップ
天然酵母パン
--
東川町西4号北19 / 0166 82 4089

⑰ ベーカリー | 2014
しのばーがー
ハンバーガー
--
東川町東町1丁目1-1 / 0166 82 5333

⑱ コンフェクショナリー | 1958*
ゝ(てん)月庵
「東川米」米粉シフォンケーキ、バウムクーヘン
--
東川町南町1丁目1-3 / 0166 82 3004

⑲ コンフェクショナリー | 2014
LOLO
焼き菓子
--
東川町南町3丁目1-1 / 0166 73 7151

⑳ コンフェクショナリー | 2014
tekago
焼き菓子
--
東川町南町3丁目 / 090 2873 2445（渡辺）

㉑ コンフェクショナリー | 2015*
&DONUT
ドーナッツ
--
東川町西町6丁目20-8 / 090 1093 4004

⑰ 食堂・レストラン | 2011*
讃岐うどん 千幸
うどん
--
東川町東町1丁目1-1 / 0166 56 3060

⑰ 食堂・レストラン | 2011*
ピッツア亭
石釜ピザ
--
東川町東町1丁目1-1 / 0166 73 8255

㉒ 食堂・レストラン | 2009*
ファーマーズカフェ 風土
自家製卵のオムライス、プリン
--
東川町東4号北2 / 0166 82 5443

㉓ 食堂・レストラン | 2014*
古農家GOLOSO
イタリアン
--
東川町東3号北32 / 090 6879 8998

㉔ 食堂・レストラン | 1982
大黒寿司
寿司
--
東川町南町2丁目3-3 / 0166 82 2539

㉕ 食堂・レストラン | 1998
こぐまグループ旭川ラーメン東川店
ラーメン
--
東川町北5丁目2-8 / 0166 82 5221

㉖ 食堂・レストラン | 1986
一休さん
ラーメン
--
東川町西町2丁目1-18 / 0166 82 2752

| ㉗ | 食堂・レストラン | 1982 |

ラーメン専門店 蝦夷
ラーメン
--
東川町東町1丁目 / 0166 82 2232

| ㉘ | 食堂・レストラン | 2001 |

定食おかめ
いもかす団子汁他定食
--
東川町西町9丁目1-24 / 0166 82 5282

| ㉙ | 食堂・レストラン | 2000 |

田舎そば たちばな
日本そば
--
東川町西町9丁目4-6 / 0166 82 2473

| ㉚ | 食堂・レストラン | 1976 |

笹寿し
寿司、ラーメン他定食
--
東川町南町1丁目2-4 / 0166 82 2747

| ㉛ | 食堂・レストラン | 2012* |

on the table
ランチ、カフェ（夜間はバー）
--
東川町南町1丁目1-6 / 0166 73 6328

| ㉜ | 食堂・レストラン | 2012* |

ノマド
ランチ、カフェ
--
東川町東町2丁目3-20 / 0166 85 6100

| ㉝ | 食堂・レストラン | 2011* |

natsuかふぇ
ランチ
--
東川町北町5丁目9-1 / 0166 74 8175

| ㉞ | 食堂・レストラン | 2005* |

西乃屋
寿司
--
東川町西町4丁目2-20 / 0166 82 5057

| ㉟ | 食堂・レストラン | 2014* |

㐂楽
そば、居酒屋
--
東川町南町1丁目5-6 / 0166 82 2625

| ㊱ | 食堂・レストラン | 2010 |

ここりん食堂
ランチ（平日のみ。11:30〜13:00）
--
東川町東町1丁目7-10 / 0166 82 2666

| ㊲ | 食堂・レストラン | 2014* |

石臼蕎麦 梻
そば
--
東川町東町1丁目6-1 / 0166 82 2116

| ㊳ | 食堂・レストラン | 2015 |

wine café veraison（ヴェレゾン）
イタリアン、ワインバー
--
東川町東町2丁目3-3 / 0166 99 0015

| ㊴ | 食堂・レストラン | 2015 |

ハルキッチン
焼カレー
--
東川町東11号南4 / 090 6992 0131

| ㉛ | 物販 | 2012* |

Less
セレクトショップ
--
東川町南町1丁目1-6 / 0166 73 6325

| ㊵ | 物販 | 2009* |

SALT
セレクトショップ
--
東川町東4号南1 / 0166 82 6660

| ㊶ | 物販 | 2012* |

モンベル大雪ひがしかわ店
アウトドアショップ
--
東川町東町1丁目2-2 / 0166 82 6120

| 42 | 物販 | 2014* |

YAMAtune 大雪山店
靴下アンテナショップ
--
東川町南町2丁目2-5 / 0166 74 6388

| 43 | 物販 | 2011* |

玄米おむすび ちゃみせ
おむすび
--
東川町西2号北2 / 0166 82 3887

| 44 | 物販 | 2002* |

越智恵子のじまんの味
漬物
--
東川町東9号南6 / 0166 82 3104

| 45 | 物販 | 1946 |

平田とうふ店
豆腐
--
東川町北町9丁目1-5 / 0166 82 4148

| 46 | 物販 | 1924 |

平田こうじ店
みそ、こうじ
--
東川町西町9丁目1-23 / 0166 82 3301

| 47 | 物販 | 2003 |

生鮮・手作り料理 我良笑
惣菜
--
東川町南町3丁目1-15 / 0166 82 4865

| 48 | 物販 | 1927 |

宮崎豆腐店
豆腐
--
東川町東町1丁目1-18 / 0166 82 2543

| 49 | 物販 | |

有限会社東八ストアー
東川町産天然はちみつ
--
東川町東8号南1 / 0166 82 3997

| 50 | 物販 | 2011* |

手づくりハム工房 あおい杜
自家製ベーコン、燻製
--
東川町南町2丁目3-2 / 0166 82 2310

| 51 | 物販 | 2015 |

pava-nti（パバンティ）
洋服、アクセサリー、洋裁、直し
--
東川町南町1丁目3-2 / 0166 99 0073

| 52 | 居酒屋・バー・スナック | 1997 |

居酒屋 りしり
居酒屋
--
東川町東町1丁目6-14 / 0166 82 4088

| 53 | 居酒屋・バー・スナック | 1975 |

焼肉炉ばた居酒屋大将
焼肉、炉端焼き
--
東川町西町1丁目1-9 / 0166 82 2217

| 54 | 居酒屋・バー・スナック | 2015 |

Bizzz
バー
--
東川町東町1丁目 / 090 4406 7736

| 55 | 居酒屋・バー・スナック | 2014* |

ののはな
カジュアルバー
--
東川町西町1丁目1-14 / 0166 56 4670

| 53 | 居酒屋・バー・スナック | 1986 |

スナックイーストリバーハウス
スナック
--
東川町西町1丁目1-9 / 0166 82 2092

| 56 | 居酒屋・バー・スナック | |

スナック和樹
スナック
--
東川町東町1丁目3-6 / 0166 82 4332

[MAP SCALE 01]

CENTER OF HIGASHIKAWA

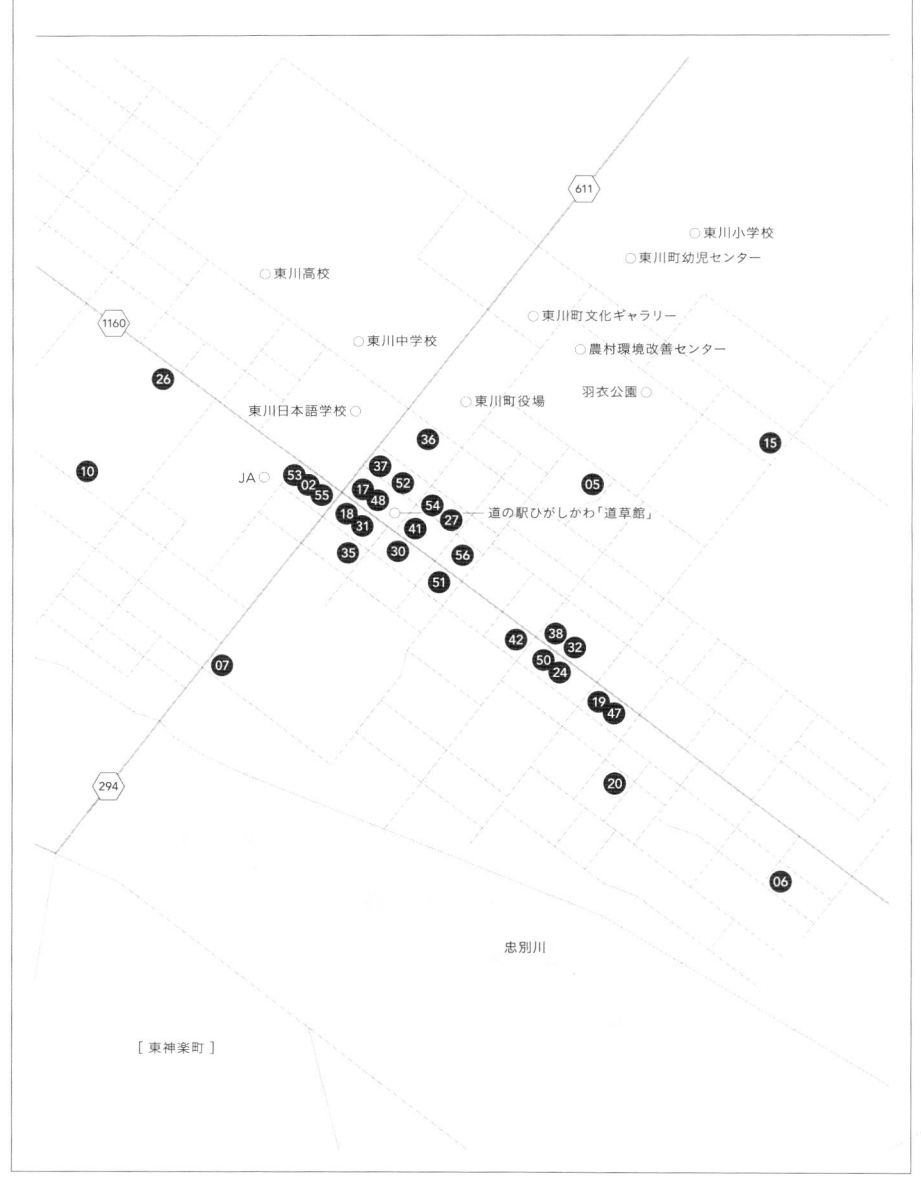

○ 東川小学校
○ 東川町幼児センター
○ 東川高校
○ 東川町文化ギャラリー
○ 東川中学校
○ 農村環境改善センター
東川日本語学校 ○
○ 東川町役場
羽衣公園 ○

611
1160
294

道の駅ひがしかわ「道草館」

忠別川

[東神楽町]

[MAP SCALE 02]

WIDE-AREA OF HIGASHIKAWA

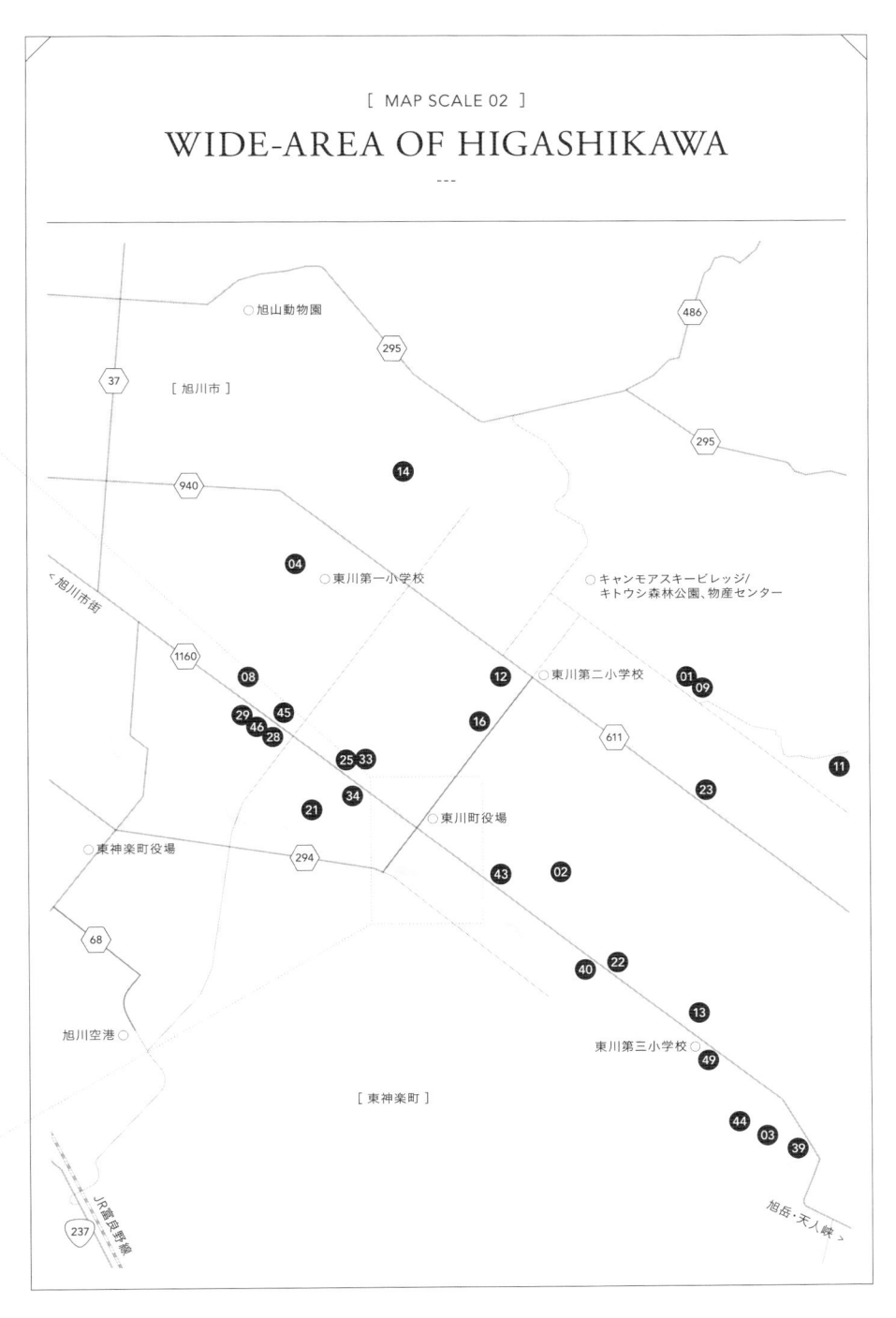

○旭山動物園
486
295
37
[旭川市]
940
14
04
○東川第一小学校
○キャンモアスキービレッジ/
キトウシ森林公園、物産センター
295
<旭川市街
1160
08
12
○東川第二小学校
01
09
29 45
46 28
16
611
11
25 33
34
23
21
○東川町役場
○東神楽町役場
294
43
02
68
22
40
13
○旭川空港
49
○東川第三小学校
[東神楽町]
44 03
39
JR富良野線
旭岳・天人峡＞
237

167

HIGASHIKAWA HISTORY

入植から、ちょっと先の未来まで

1895 - 2020

町の主な出来事・政策

- 香川、富山、愛知、徳島の各県人らが入植
- 東川村誕生
- 町制が施行され、東川町誕生
- 中川音治町長就任

公共施設・インフラの変遷

- 電気軌道の路面電車開通
- 国民健康保険東川村立診療所オープン
- 大雪山旭岳ロープウェイ運行開始

人口(人)

- 8009
- 8406
- 9036
- 10754
- 10139

1895 1909 1920 1929 1930 1940 1945 1950 1955 1959 1960 1965 1967

日本

- 関東大震災(1925年)

- 農村総合整備モデル事業スタート
- 「写真の町」宣言
- 東川町国際写真フェスティバル開催開始
- 北の住まい設計社が第五小学校跡地に移転
- 「写真の町条例」制定
- 商店などへの木彫看板設置事業開始
- 一等米出荷率93％で全道1位
- カナダ・アルバータ州キャンモア町と姉妹都市提携

- 路面電車が廃止される
- キトウシ森林公園家族旅行村オープン
- キトウシ森林公園オープン
- 第四小学校閉校
- 東川町郷土館開設
- 北海道情報処理専門学校開校
- 第五小学校閉校
- 東川町文化ギャラリーオープン
- 東川養護学校開校
- 忠別川親水河川公園オープン
- 忠別ダム着工

1970	1972	1975	1980	1981	1982	1983	1984	1985	1986	1987	1988	1989	1990
8204		7616	7774					7760				7418	

- 昭和天皇崩御
- 青函トンネルの開業
- 札幌冬季五輪開催
- バブル景気
- 連絡船が終航
- 大阪万博開催
- 日航ジャンボ機が群馬県・御巣鷹山に墜落

- 山田孝夫町長就任
- 「写真の町推進室」発足
  - ひがしかわワイン事業開始
    - 開拓百年記念式典を行う
    - 「写真甲子園」開催開始
    - 町のホームページ開設
    - 3月に、一時人口が7000人を切る

- クラフト作家の移住が増加
- ひがしかわ国際氷雪芸術祭を開催

美しい東川の風景を
守り育てる条例制定

松岡市郎町長就任
「特別対策室」発足
民間貸借住宅建築支援事業
新規起業化支援事業開始
大雪地区広域連合発足
分譲地「イーストタウン」40区画販売開始分譲地
道草館が道の駅に登録される

- デイサービスセンターがオープン
- B&G財団東川海洋センターがオープン
  - 西部コミュニティセンターのオープン
    - 第一地区、第二地区
      コミュニティセンターのオープン
      - 第三地区コミュニティセンターのオープン

- 保健福祉センターがオープン

幼児センター「ももんがの家」オープン

- 町立診療所オープン（全面改築）
  - ひがしかわ「道草館」オープン

大雪旭岳源水公園完成

人口(人)													
			7066	7111	7187	7326	7408	7482	7588	7535	7567	7551	7621
1991	1992	1993	1994	1995	1996	1997	1998	1999	2000	2001	2002	2003	2004

- IT景気（〜2000年）

- 「写真の町」事業を企画したイベント会社が倒産し、町が直接運営を行うようになる
- 景観行政団体に指定される
- 「米缶」を商標登録
- 飲食店、パン屋、雑貨店などの開店が増加
  - 「東川コレクション展」開催（東京都写真美術館）
  - 景観住宅建築支援事業開始
  - 分譲地「グリーンヴィレッジ」第1期33区画販売開始
  - 「君の椅子」プロジェクト開始
  - 新・婚姻届、新・出生届開始
    - 「写真の町」ひがしかわ株主制度開始
    - 名水百選に選ばれる
    - 「グリーンヴィレッジ第2期19区画」、「新栄団地」第4次25区画販売開始
    - ラトヴィア共和国ルーイエナ町と姉妹都市提携

- 『チビスロウ』×東川町発売（〜2013年）
- 分譲地「ガーデンコート・キトウシ」18区画販売開始
- 「東川米」が地域団体商標登録
- 分譲地「グリーンヴィレッジ」第3期35区画、分譲地「友遊団地」16区画販売開始
- モンベル大雪ひがしかわ店オープン
- 民間賃貸住宅建築支援事業開始（2013〜2014年）
- 大雪旭岳源水が地域商標登録
  - 「写真文化首都」を宣言
  - 11月に人口が8000人を突破する
  - 東川町北方型住宅建築推進事業開始
  - 二世代居住推進事業開始
  - 薪ストーブ等設置事業開始
  - 東川アウトドアフェスティバル開催
    - 「写真文化首都創生課」設置
    - 高校生国際交流写真フェスティバル開催

ひがしかわ株主制度が「ふるさと納税大賞」受賞 •
（「自立と分散で日本を変えるふるさと知事ネットワーク」主催）

- 忠別ダム完成
- 大雪水源資源保全センター設立
- 東川小学校（移転）・地域交流センターがオープン
- 東川町立東川日本語学校開校

2005	2006	2007	2008	2009	2010	2011	2012	2013	2014	2015	2016	⋯	2020
7694	7725	7737	7818	7815	7863	7912	7901	7948	7994	8105			

- リーマン・ショック
- 東日本大震災

※掲載項目は、町史などをもとに作成 ※人口、世帯数は1990年までは国勢調査に拠る。1993年以降は町の人口動態調査（12月時点）をもとに作成

【参考文献・資料】

東川町郷土史編集委員会編『ふるさと東川 郷土史1-4』東川町、1994年
写真文化首都「写真の町」東川町編『大雪山 神々の遊ぶ庭を読む』新評論、2015年
『チビスロウ「写真の町」東川町2011-2013』東川町、2011-2013年
「ひがしかわ議会だより154号」東川町、2011年8月
「ひがしかわ議会だより157号」東川町、2012年5月
「東川町財政運営計画」2011年9月
「東川町まち・ひと・しごと創生地方人口ビジョン」2015年8月
「東川町まち・ひと・しごと創生総合戦略」2015年10月
「東川町『定住移住促進政策』資料」
「移住・定住ファイル:ひがしかわ時間―東川暮らしのススメ―」
「写真文化首都『写真の町』東川町町勢要覧資料編」2014年8月改訂
「写真文化首都『写真の町』東川町『町の概要・地域活性化』資料」2015年5月
「東川町日本語教育事業概要」2015年6月
「写真の町・東川視察説明資料」
「第21回全国高等学校写真選手権大会実施報告書」
「東川町フォト・フェスタ2014実施報告書」
東川町ホームページ(URL:https://town.higashikawa.hokkaido.jp/)

※本書に掲載した情報は2016年2月現在のものです。
最新情報についてはホームページ等でご確認ください。

【編著者】

玉村雅敏（たまむら・まさとし）
慶應義塾大学総合政策学部教授
慶應義塾大学総合政策学部卒業。同大学院政策・メディア研究科博士課程、千葉商科大学政策情報学部助教授等を経て現職。博士（政策・メディア）。新潟市政策改革本部アドバイザー、文部科学省科学技術・学術政策研究所客員研究官、横須賀市政策研究専門委員、内閣官房地域活性化伝道師、天草市・鈴鹿市・市原市・氷見市・長島町などのアドバイザーを兼務。専門分野はソーシャルマーケティング、公共経営など。主な著書に『ソーシャルインパクト―価値共創（CSV）が企業・ビジネス・働き方を変える』（産学社・編著、2014年）、『地域を変えるミュージアム―未来を育む場のデザイン』（英治出版・編著、2013年）、『社会イノベーションの科学―政策マーケティング・SROI・討論型世論調査』（勁草書房・編著、2014年）、『住民幸福度に基づく都市の実力評価』（時事通信社・共著、2012年）など

小島敏明（こじま・としあき）
慶應義塾大学大学院政策・メディア研究科特任教授、乃村工藝社営業開発本部企画開発部部長
1959年生まれ。流通系コンサルタント事務所、マーケティング会社を経て、乃村工藝社に入社。プランニングディレクターとして、企業PR施設、レジャー施設、テーマパーク、複合文化施設等におけるプロジェクトに参画。その後、新規事業開発、事業戦略を担当する一方で、慶應義塾大学SFC研究所にて場を起点としたマーケティングやイノベーションに関する研究を進める。順天堂大学スポーツマネジメント学科非常勤講師も兼務。『ソーシャルインパクト―価値共創（CSV）が企業・ビジネス・働き方を変える』（産学社・共著、2014年）、『Think! 2013冬号―新しい価値を生む「場」のつくり方』、『地域を変えるミュージアム―未来を育む場のデザイン』（英治出版・共著、2013年）

【著者】

吉田真緒（よしだ・まお）
ライター・編集者
1981年生まれ。早稲田大学第二文学部卒業。書籍や雑誌を中心に、多数の媒体の取材・執筆のほか、ディレクションから企画・制作まで手がける。現在は、「地域」や「コミュニティ」をテーマにした人物取材を行っている

東川スタイル 人口8000人のまちが共創する未来の価値基準

初版1刷発行 ●2016年3月31日
　　7刷発行 ●2019年2月28日

編著者
玉村雅敏・小島敏明

著　者
吉田真緒

発行者
薗部良徳

発行所
(株)産学社
〒101-0061 東京都千代田区神田三崎町2-20-7 水道橋西口会館　Tel. 03（6272）9311　Fax. 03（3515）3660
http://sangakusha.jp/

印刷所
(株)ティーケー出版印刷

© Masatoshi Tamamura, Toshiaki Kojima 2016, Printed in Japan
ISBN 978-4-7825-3432-8　C0036

乱丁、落丁本はお手数ですが当社営業部宛にお送りください。
送料当社負担にてお取り替えいたします。
本書の内容の一部または全部を無断で複製、掲載、転載することを禁じます。

Credits

アートディレクション・ブックデザイン：村田一樹

本文DTP：玉手みどり（Snowbugs ltd.）

写真撮影：
- 吉里演子（東川町文化ギャラリー学芸員）
- 関口萌（東川町地域おこし協力隊）
- 門脇雄太（東川町地域おこし協力隊 / Snowbugs ltd.）

写真提供：
- 大塚友記憲 / P2-4, 76, 112, 134-5
- 飯塚達央（フォトシーズン）/ P33
- 砺波周平 / P64
- 粟飯原順二（アイハラ写真館）/ P78
- 村田一樹 / カバー, P5, 20, 26, 27左下, 63, 160-1
- デザインスタジオ・オザキ / P40
- 中川伸也 / P48
- 山田雅幸 / P136-7
- 鈴木工房 / P131
- Snowbugs ltd. / P127
- モンベル / P122-3
- 東川町役場
- 東川町商工会
- 東川第三自治振興会事務局

編集：末澤寧史（産学社）

企画協力：
- 村田一樹
- 初瀬川晃（Snowbugs ltd.）
- 門脇雄太
- 佐藤瞳美（Snowbugs ltd.）

協力：写真文化首都「写真の町」北海道東川町

まちづくり
トラベルガイド
シリーズ

未来のまちや社会に想いを馳せる
「まちづくりトラベルガイド」
―
未来はすでにどこかの地で萌芽している。
それは、人びとが影響し合い、
共創し合いながら、育ってきたもの。
「まちづくりトラベルガイド」は、
人びとが織りなしていく、未来のまちや
社会を考えるためのガイドブックである。